山东省社科基金项目"城乡一体化进程中农村公共产品的有效供给与转移支付制度创新研究"（编号：11CJJJ33）成果。

山东省社会科学规划重点研究基地（半岛经济研究基地）研究成果之一。

山东工商学院重点学科（金融学）资助项目。

农村公共产品的有效供给与
转移支付制度创新

辛　波　于淑俐　著

中国时代经济出版社

北　京

图书在版编目（CIP）数据

农村公共产品的有效供给与转移支付制度创新 / 辛波，于淑俐著 . - - 北京：中国时代经济出版社，2015.4（2024.8重印）

ISBN 978 - 7 - 5119 - 2366 - 0

Ⅰ . ①农… Ⅱ . ①辛… ②于… Ⅲ . ①农村－公共物品－供给制－研究－山东省②农村－公共物品－转移支付制度－研究－山东省 Ⅳ . ①F299.241

中国版本图书馆 CIP 数据核字（2015）第 072605 号

书　　名：	**农村公共产品的有效供给与转移支付制度创新**
作　　者：	辛　波　于淑俐

出版发行：　中国时代经济出版社
社　　址：　北京市丰台区右安门外玉林里 25 号楼
邮政编码：　100069
发行热线：　（010）83910203
传　　真：　（010）83910203
邮购热线：　（010）83910203
网　　址：　www. cmepub. com. cn
电子信箱：　zgsdjj@hotmail. com
经　　销：　各地新华书店
印　　刷：　北京市业和印务有限公司
开　　本：　787×1092　1/16
字　　数：　230 千字
印　　张：　14.5
版　　次：　2015 年 5 月第 1 版
印　　次：　2024 年 8 月第 3 次印刷
书　　号：　ISBN 978 - 7 - 5119 - 2366 - 0
定　　价：　45.00 元

本书如有破损、缺页、装订错误，请与本社发行部联系更换

前　言

　　农村与城市的根本差别，既不是简单的生产方式的差别，也不是纯粹的收入水平的差别，而是城市与农村公共产品有效供给水平的差别，而这正是农村发展能力较弱的根本原因所在。因此，为了落实好党提出的"城乡一体化"和"城乡统筹发展"的战略部署，各级政府应围绕着"农村公共产品的有效供给"这一重点，来尽快实现转移支付制度的创新，以给予这一工作必要的财力支持。

　　对于农村公共产品的有效供给问题，国内外学者对此进行了一些研究。例如，张军（1996）分析了中国农村制度变迁对农村公共产品供给的影响。林万龙（2002）分析了"公共产品制度外筹资"的历史和现状后，提出现有的农村公共产品供给制度不适应新的制度环境，必须进行制度创新。张曙光（2004）认为，在我国农村尚不完全具备运用公共产品最优供给模型的假设前提下，运用次优论模型来指导农村公共产品的供给，是比较符合我国国情的。林毅夫（2006）、贾康（2012）等认为，公共基础设施建设是政府进行农村建设的着重点，对此政府财政必须承担起更多的责任。而在国外，特别是西方发达国家，由于城乡之间差距不是很大，对此问题的关注程度要比我国轻得多，所以众多的学者基本上把精力放在了公共产品供给理论逻辑的研究上。例如，以马歇尔、庇古、萨缪尔森为代表的福利经济学派认为，由于市场的非公利性，因此大部分公共物品必须由政府来提供。奥茨（W. E. Oates，1972）提出了分权理论，认为让地方政府将一个帕累托有效的产出量提供给它们各自的选民，总是要比向全体选民提供任何特定的并且一致的产出量要有效得多。布坎南（J. M. Buchanan，1965）在"俱乐部"的经济理论中，提出了在所有权和经营权合一的前提下，可以通过所有权变更的方式把公共物品的政府或公共所有转变为私有，并认为通过个人的自愿结社而形成的俱乐部是一些具有排他性物品的最有效率的供给者。奥斯特罗姆夫妇（Vincent Ostrom and Elinor Ostrom，2002）则明确提出要改变政府作为公共领域垄断者的单一中心治理模式，建立政府、市场和社会三维框架下的多中心治理模式。由此可以看出，在公共产品的供给问题上国内学者更倾向于发挥政府的主导作用，而国外学者则更倾向于发挥其他主体的作用，其根本原因就在于国情的不同与社会经济发展阶段的差异。

对于转移支付制度问题，历来就是经济学界讨论较多的问题之一，但中西方在对政府间转移支付制度研究的侧重点上是有很大差异的。在西方发达国家，由于学术界对于转移支付本身的性质以及具体模式的研究早已经完成，所以近20年来，西方学术界把关注重点主要放在了对转移支付制度本身效率问题的研究上。比如：对粘蝇纸效率的分析（D. N. King，1984）；对转移支付政策对其他政策实施效率影响的探讨（Anthony B. and Stiglitz，1980；Gordon，1983；Zou Hengfu，1999）；等等。而在中国，由于近十几年来我国的财政体制正处在向公共财政体制的转型期，转移支付制度的非规范性（包括中央与省级政府间以及省级以下各级地方政府间）使得对其改革模式的研究成了学术界关注的重点，并对如何建立、健全规范的转移支付制度提出了若干的政策建议。例如，孙开（1994）、马骏（1997）、刘溶沧（2002）、贾康（2008）、马拴友（2010）、李齐云（2013）等。从目前国内外对此问题研究的发展趋势来看，转移支付制度与税收、政府支出、经济增长之间的相关性将成为学术界进一步研究的重点。在国内，除了这一重点之外，在合意的公共财政体制建立之前，还将在相当长的时间内持续关注政府间转移支付制度本身的模式选择问题，以及与这一问题密切相关的政治体制改革的进展。

至于把城乡一体化中公共产品的有效供给与转移支付制度创新这两个问题联系起来进行研究，虽然也有一些学者对此有所论及，例如，陈锡文、韩俊、贾康、王延中（2013）等，但由于城乡一体化问题的提出仅是近几年的事情，再加上转移支付制度自身的非规范性，所以，对此的研究还不太深入，有做进一步探讨的必要。

本书以山东省为例，对山东省城乡一体化进程中农村公共产品的有效供给与转移支付制度创新进行研究。本书共分为六章：第一章是文献综述。本章系统梳理了国内外有关农村公共产品的文献研究，主要从农村公共产品供给主体、供给制度、供给决策等方面展开，并进行了深入探讨和归纳总结，为我们接下来研究和探讨山东省农村公共产品的有效供给提供了借鉴和指导。第二章是对我国农村公共产品供给制度历史沿革的分析。本章对从新中国成立开始至今我国农村公共产品供给制度和理论逻辑进行回顾和梳理，清晰展示了我国农村公共品供给制度的演化过程，并深刻揭示了造成农村公共产品供给落后局面的体制和制度性根源。第三章是以山东省为例，对农村公共产品供给的现状进行分析。本章包括两部分，其一是山东省农村公共产品供给效率的分析，其二是山东省农村公共产品的区域差异分析。本章通过数据的调查与分析，不仅得出了山东省农村公共产品的供给效率状况，还测算山东省各区域间公共产品供给水平的实际差距，也进一步得出山东省当前农村公共产品供给的现实与城乡一体化的目标还存在相当大的差距，需对农村公共产品给予更多财政方面的支持，从而不断提高其供给水平。第四章是城乡一体化进程中农村公共产品供给主体的演变与责任的合理界定。本章首先分析了农村公共产品供给主体的演变及选择，然后分析了农村公共产品供给主体结构的调整，并对农村公共产品的多元供给主体的责任进行了界定，最后梳理了国外有关农村公共产品供给主体的经验，并进行深入分析和归纳，这对我国农村公共产品供给主体的选择及责任界定具有重要的借鉴意义。第五章是政府财政支出结构及转移支付制度创新分析。本章首先对山东省农村公共产品供给与政府财政支出的因果关系进行检验，然后对山东省财政支出结构进行分析，最后分析了我国转移支付制度的形成与发展、现状与问题，并提出相应的对策建议，以完善转移支付制度。

由于地方政府财政能力的差距是导致山东省不同地区公共产品供给水平差距的最直接的原因，而改善这一局面的最有效的方法则是政府转移支付。自分税制改革以来，我国转移支付的方法主要是建立在"基数法"之上的税收返还办法，而这种转移支付方法维持了原有的利益分配格局，导致地区间财力差距的进一步扩大。虽然从均衡地区间财力分配的目标考虑，可逐步将"因素法"作为确定转移支付的基本方法。但是对于"基数法"的转移支付公式如何来确定？其具体的内容包含哪些因素？一旦应用这一方法其效果如何？本书没有给出详细的答案与结论，有进一步研究的必要。另外，本书虽然提出了要进一步调整和完善转移支付结构的问题，但对于如何调整也只是给出了一些一般性的建议，没有对这些建议的实施效果做出验证，还需要随着时间的推移对这一问题作进一步的研究。

总之，虽然在本书中作者对于"城乡一体化进程中农村公共产品的有效供给与转移支付制度创新"问题做了一些分析并谈了一些看法，但也存在着这样或那样的不足。笔者并不奢望本研究成果能在学术界激起多大的反响，只要能为国内相关问题的继续研究提供一些参考或为政府有关部门制定相关的政策提供有益的借鉴，也就足矣。

辛　波　于淑俐

2015 年 1 月

目　录

导　论

一、问题的提出

长期以来，我国经济社会发展呈现出明显的二元结构，缩小城乡差距，实现共同富裕，一直是国家经济社会发展的重要目标。不断提高城市化水平、深化工业化、缩小城乡差距这三者的动态统一是我国城乡一体化发展的合理内核，它着眼于城市与乡村的经济社会关系，不断破除体制和机制方面的障碍，以促进城乡实现平等、共同发展。党的十六届三中全会指出，统筹城乡发展是社会主义和谐社会的重要组成部分，要着重加强和谐社会的制度保障建设。党的"十七大"再一次申明，将统筹城乡发展纳入"五个统筹"之中，彰显了党和国家对实现城乡一体化的高度重视。从改革开放开始，我国就进入了经济飞速发展的时期，但二元经济社会结构始终存在，并且难以一时消除，导致"三农"问题等不断显露出来，甚至在很多地区城市与农村的差距反而在不断扩大，农村公共产品供给严重滞后。

与城市公共产品的供给状况不同，农村公共产品的供给并没有随着农村经济的增长而发展，也没有随着整个社会的进步而进步，难以满足农民生产、生活的需要，这引起了党和政府极大的关注。早在1982年到1986年期间，就曾发放过5个"一号文件"，而自2004年以来的7年的时间内，又先后发放了7个"一号文件"，在这一系列的文件中，政府指出，必须坚持城市支持农村、工业反哺农业和"多予、少取、放活"的方针，统筹城乡协调发展，加强对农村和农业的财政支持和政策优惠，着重提高农民的职业技能，构建农村科技和服务体系，完善农业基础设施，促进农村各项社会事业的发展，从而建立起农村公共服务体系。2007年，温家宝总理在十届全国人大五次会议上所作的政府工作报告提出，"完善农村基础设施建设是社会主义新农村建设的必然要求。要转变投资的方向，加大对农村基础设施的投资力度，具体包括：道路、饮水、沼气、电网、通信等基础设施，以小型水利设施为主的农田基本建设和教育、卫生、文化等农村公共事业建设，从而完善防汛抗旱和减灾体系，营造良好的人居环境。"2010年，中央"一号文件"又提出，"全党必须安不忘危，不断深化对'三农'问题的认识，时刻把'三农'工作摆在突出位置，保证农村始终保持良好的发展趋势，粮食产量和农民收入都能日益增加。必须坚持党在农村的基本政策并不断完善，强化以党组织为核心的农村基层组织，不断完善农村和农业的基础设施，构建起全方位的农村社会化服务的基层体系，为农村和农业的发展打下坚实的基础，从而实现城镇化、工业化和农业现代化的协调发展，开创城乡经济社会一体化发展的全新局面"[1]。

2011年3月16日发布的"十二五"规划纲要[2]明确指出，贯彻就业优先战略、调整收入分配关系、增加住房保障、改善医疗卫生体系、努力做好人口等民生工作，全面提升基本公共服务水平，构建完善的基本公共服务体系，从而为今后的五年时间内消除城乡以及区域之间公共服务差距创造良好的条件。

只有实行全方位的改革和调整，才能真正地推进城乡一体化

---

[1] 王永莲. 我国农村公共产品供给机制研究 [D]. 西北大学博士学位论文，2009；李海涛. 新农村建设背景下农村公共产品供给效率研究 [D]. 东北林业大学博士学位论文，2010.

[2] 中华人民共和国国民经济和社会发展第十二个五年规划纲要 [M]. 北京：人民出版社，2011.

进程和社会主义新农村建设这一巨大而复杂的工程，具体涉及农民收入的提高和负担的减轻，农业产业结构的合理调整，农村公共产品供给水平的提高，农村政治和精神文明建设的加强等。

在这众多改革层面中，农村公共产品的有效供给改革是其他方面的基础和动力，是促进城乡一体化，建设社会主义新农村的关键环节，也是农村实现跨越式发展的必经之路。农业和农民都处于弱势地位，二者的发展严重依赖于农村公共产品的有效供给，这就要求我们必须提高农村公共产品的供给水平。换句话说，只有实现农村公共产品的充分供给，才能改善农村的生产生活条件，促进"三农"政策真正地贯彻执行，提高农民的收入和个人素质，从根本上保证农民的利益，建设建设社会主义新农村，实现城乡一体化发展。所以，加强农村公共产品供给的研究，对于当前城乡一体化和社会主义新农村建设这一历史使命无疑具有重要的价值和意义。

自农村税费改革以来，政府就采取了各种支农的措施，但是农村公共产品仍处于贫乏的状态，不仅供给效率低下，而且需求结构失衡，以至于农业生产力水平并没有得到较大提高，也没有减轻农民的负担，反而成为阻碍农业产业升级、农民收入增加和农村社会全面发展的制约因素。

二、相关概念界定

（一）公共产品的定义

大卫·休谟（David Hume）在《人性论》[①] 一书中最早对公共产品问题做过研究。他基于人的利己性阐明公共事务无法由个人来解决，当人人自愿提供公共产品时，难免会产生普遍的"免费搭车"现象，人人都尽可能地"逃避出力出钱"，不仅不能有效

————————

① 大卫·休谟. 人性论 [M]. 北京：商务印书馆，2004.

解决公共事务，反而带来巨额的交易费用。但是休谟仅指出公共消费物品存在于具有利己性的人之间，仅仅分析了公共产品生产和消费过程中存在的问题。

亚当·斯密（Adam Smith）在其著作《国富论》①中也明确指出了公共产品的性质和供给问题，分析了提供方式及公平性等问题。约翰·斯图亚特·穆勒（1848）②对灯塔的分析成为公共产品的经典案例之一，认为政府应当完善公共基础设施、确保人们生命和财产的安全、兴办初等教育等，承担起其应有的职责。

早期大多数学者对"公共产品"这一概念的使用是不同的，理论界没有形成关于公共产品及其基本特征的统一定义。纵观公共产品的理论发展史，最早要追溯到1919年，瑞典经济学家林达尔（Lindahl）在其博士论文《公平税收》中第一次正式提出"公共产品"这一概念。其关于公共产品供给的"林达尔均衡"思想对于以后的研究具有深远的影响，他针对两个消费者纳税分担同一个公共产品的问题进行了成本研究，认为只有使得每个人在总税额中的应纳份额等同于其从该公共产品消费中所得到的效用价值时，才能达到供求均衡。其中，每个人的税收份额即其各自的税收价格，又称为"林达尔价格"，所达到的均衡即为"林达尔均衡"（Keithl Dougherty，2003）③。

直到1954年，萨缪尔森（Paul Samelson），的《公共支出的纯理论》问世④，确立了"公共产品"的经典定义。他立足于消费的视角，指出倘若每人消费该产品，但是却没有减少其他人对该产品的消费，那么该产品就是公共产品；倘若该产品可以被分割，

---

① 亚当·斯密. 国民财富的性质和原因的研究［M］. 北京：商务印书馆，2002.

② 约翰·穆勒. 政治经济学原理［M］. 北京：商务印书馆，1991.

③ Keithl, Dougherty. "Public goods theory from eighteenth century political philosophy to twentieth century economics" Public Choice，2003（117）：239—253.

④ Samuelson, Paul, "The Pure Theory of Public Expenditure", Review of Economics and Statistics，36（Nov），1954：387—398.

而且分割的各部分都可以在不产生外部效果的前提下，在竞争机制的作用下卖给需求者，那么该产品就是私人产品①。而且他还利用个人消费和总消费关系的方程对二者的性质进行了深入浅出的阐析，从而使得二者之间的区别更加清晰明了。

就私人物品而言，个人消费量的加总构成了总消费量，即：

$$x_j = \sum_{i=1}^{I} x_j^i , (j = 0, \cdots, J)$$

这里上标表示个人，下标代表产品。这说明私人产品是能够在消费者之间分割的。

就公共产品而言，其相应的关系为个人消费和集体消费相等，因此：

$$x_k = x_k^i , (i = 1, \cdots, I; k = J+1, \cdots, J+K)$$

其中，上式的左边表示对第 K 种公共产品的全部消费，右边代表第 i 个消费者对这种公共产品的消费，上式意味着每一个消费者的消费同全体消费是相等的，都是对整个公共产品的消费，即公共产品是不能在消费者之间进行分割的②。

由上述分析，我们可以发现萨缪尔森关于公共产品的定义重点强调的是其消费的非竞争性。所谓非竞争性，是指同一个产品能够被很多人共同消费，不会因为消费者的增加而降低消费的质量和数量，而且对具有非竞争性的产品来说，增加一人消费的边际成本为零，而不是生产的边际成本，也就是说倘若要增加公共产品的消费者，无须增加公共产品，也不会导致支付成本的增加。至于非排他性则是萨缪尔森在其不断再版的著作《经济学》中提出的，认为公共产品在技术上很难将不付费的人排除在外，使其

① 刘斌. 重庆公共产品供给的区域差异与均衡机制的构建研究 [D]. 重庆工商大学硕士学位论文，2011.
② 周游. 公共经济学概论 [M]. 武汉：武汉出版社，2002；王书军. 中国农村公共产品供给主体及其供给行为研究 [D]. 华中科技大学博士学位论文，2009.

不能享受公共产品带来的益处，或者即使可以做到，也会产生巨额的成本费用。非竞争性与非排他性一起构成了判断公共产品的标准。非竞争性与非排他性二者之间是相互独立的两个不同的维度，是否具有竞争性是一个产品能否被共同使用的产品本身的属性，而是否排他是在技术手段和伦理道德制约下的选择。这两个标准在定义公共产品的概念中被广泛运用，譬如世界银行《1997年世界发展报告：变革世界中的政府》明确指出："非竞争性是指每一个使用者消费这个物品对其他使用者的消费没有丝毫的影响，非排他性就是说无法将使用者排除在对这个物品的消费之外，而同时具有这两种特性的物品就是公共产品。"①

马斯格雷夫②将公共产品称为"社会需要品"，赞同萨缪尔森对公共产品非竞争性的分析，并将其加以发展为公共产品的"联合消费性"；此外，他还开创性地把价格排他原则的非适用性运用到公共产品的研究中；但是他指出排他不是必要的，就是在于公共产品的边际消费成本为零，因此在这两个特性中，更加强调联合消费性的重要性。随后，马斯格雷夫（1969）③将联合消费性发展为消费的非竞争性，并在其文章中互换使用这两个词；同时，马斯格雷夫还把排他原则的非适用性发展为消费的非排他性。至此，通过萨缪尔森、马斯格雷夫、奥斯特罗姆夫妇等学者的不断探索，基本上建立起运用消费的非竞争性和非排他性这两个维度来界定和衡量公共产品的研究方法和体系等④。

此外，约瑟夫·斯蒂格利茨立足于供给的视角对公共产品进

---

① 世界银行.1997年世界发展报告：变革世界中的政府［M］.北京：中国财政经济出版社，1997.

② Musgrave，R. A. The Theory of Public Finance（New York：McGraw/Hill），1959.

③ Musgrave，R. A. Provision for Social Goods，in：J. Margolis and H. Guitton（Eds）Public Economics（London：Macmillan），1969，50（7）：124—44.

④ 张岚共.统筹城乡公共产品供给研究——基于地方官员行为选择视角［D］.西南财经大学博士学位论文，2009.

行研究，在其著作《经济学》中明确指出，"当增加消费者对公共产品的使用时，不会增加产品的成本；但是若是要排除消费者对其的使用时，则必须以高昂的成本为代价"①。这一定义虽然与萨缪尔森的定义角度不同，但其实质依然遵循了后者的定义。尽管萨缪尔森关于公共产品定义的界定被大部分学者所认可，成为主流学术的代表观点，但是该定义中的公共产品和私人物品准确地应称为纯公共产品和纯私人物品，很难在实际的生活中找到，只是两种非常极端的情况，而绝大多数实际生活的产品是介于两者之间的，因此，萨缪尔森以后的经济学家从制度角度定义了公共产品，即"准公共产品"的概念。

　　从制度经济学角度来看，公共产品是一种追求效率最优的制度安排。在不同的制度安排下，产品的竞争性和排他性将发生巨大变化，因此，不能再简单地根据这两个标准进行机械衡量。他们主张从具体制度安排的角度来对私人产品和公共产品进行规范分析，而不是用产品属性进行界定，而作为一种制度安排，公共产品就是由政府或其他公共部门提供给公众的社会产品。布坎南指出，"公共商品就是各种集体或社团出于任何目的以集体组织的方式提供的所有商品和服务"，而且"这一范围很广的概念可以包括萨缪尔森和其他经济学家已经确定的'公共性纯集团'商品，但也可以包括'公共性'程度从零到100％的其他一些商品或服务"②。这一定义对公共产品的范围进行了扩展，他认为在纯公共产品和纯私人物品之间还存在着大量的"准公共产品"，而政府提供的产品和服务很少是完全集体性的③。

---

　　①　约瑟夫·E. 斯蒂格利茨. 经济学（第三版）［M］. 北京：中国人民大学出版社，2005.

　　②　詹姆斯·M. 布坎南. 民主财政论——财政制度和个人选择［M］. 北京：商务印书馆，1993：20.

　　③　James M. Buchanan，"An Economic Theory of Clubs" Economic，New Series，Vol. 32，No. 125（Feb.，1965），pp. 1—14.

与布坎南对公共产品的制度性定义相似，休·史卓顿和莱昂内尔·奥查德在《公共物品、公共企业和公共选择》一书中也明确指出："公共物品是集体政治的产物，与市场中的个人需求无关，是政府以较低的价格甚至完全免费的方式提供的。"[①]

（二）公共产品的特征

公共产品同私人物品相比，具有显著不同的特征，具体如下[②]：

（1）消费的非竞争性。其具体内涵就是每个人在使用公共产品时，对其他人使用这种公共产品不会造成干扰和阻碍，保证其他人也能像自己一样享受到无差别的公共产品，不会受到丝毫的减损，简单而言，各个使用公共产品的消费者之间是没有利益矛盾的，其所获得的效益也不会相互影响。也就是说，在一定范围内额外增加一个消费者不需要对产品增加额外投入，更不会带来产品成本的上升，即其边际生产成本为零。当所提供的公共产品保持不变时，供给成本并不会随着消费者数量的变化而变化，其典型的例子就是国防、外交、立法、司法、公安、环保、工商行政管理，以及从事行政管理的各部门所供给的公共产品，不会因该时期增加或减少了一些人口而发生变化。而私人物品却不同，具有消费的竞争性，即如果某物品被某一个人使用了，那么其他人就不能再使用，倘若要满足其他人的需求，唯一的途径就是增加投入，提供更多的这种物品，从而导致生产成本的上升。

（2）收益的非排他性。其具体内涵就是不管有没有付费，消费者都可以同样的享有公共产品，无法将不付费的人排除在外。或者说即使可以，也必须以巨额的成本为代价。因此，每个消费者都能享受到公共产品所带来的效用。例如，治理大气污染能够

---

① 钟文娜. 公共经济学中关于公共产品定义的文献综述 [J]. 时代教育，2008（9）：292—294.

② 高培勇，崔军. 公共部门经济学 [M]. 北京：中国人民大学出版社. 2004.

为大家营造一个良好的生活环境，是一项惠及全社会的公益服务，而无法限制某些人不呼吸这些干净的空气。由此可以看出，公共产品的供给者没有办法限制未付费的人，他们可以免费享受公共产品，因此人们越来越倾向于"免费搭车"，不仅免除了费用，还能不打折扣地消费公共产品。

（3）效用的不可分割性。其具体内涵就是公共产品的使用主体是全体社会成员，呈现出联合消费和共享效益的鲜明特征，而无法对其进行分割，被某些消费者单独使用。比如交通警察所维护的全社会的道路安全，是无法分割的。而私人物品则恰恰相反，可将其分割成诸多部分，并遵循"谁付款，谁受益"的市场机制来消费属于自己那部分的物品。对公共产品而言，谁都无法将其他人限制在同一公共产品的使用之外，其效用的不可分割性导致"谁付款，谁受益"原则的破产，因此私人厂商只会生产私人物品，而不会供给公共产品，这样面临公共产品匮乏的现状，只能由政府承担起供给的责任和义务。

（三）公共产品的类型

按照不同的标准，公共产品可划分为不同的种类，具体如下[①]：

（1）按照公共产品的特征，可划分为纯公共产品与混合公共产品。

纯公共产品是指同时满足非竞争性和非排他性这两特性的产品，最典型的纯公共产品就是国防，此外，不少学者认为还应当把高效的政府和体制、公平的收入分配、基础科学以及环境保护等包括在内，它们供整个社会使用，每个人的消费意愿大致相同，需求偏好也不大，可以免费使用，而且获得的效益也不存在差别。

---

① 杨静．统筹城乡中农村公共产品供给：理论与实证分析［M］．北京：经济科学出版社，2008．

混合公共产品是介于纯公共产品与私人物品二者之间的产品或服务,又叫准公共产品。布坎南指出,在实际社会中,很少看到纯公共产品与私人物品,而只带有非排他性或只带有非竞争性的准公共产品则俯拾即是,其又可以分为两类:其一是具有非排他性和不充分的非竞争性的混合公共产品,教育是其典型的一个例子,对某个教室的学生而言,A 在听课的时候,不会影响或者妨碍 B 消费教育产品并从而受益,所以教育是带有明显的非排他性的;但是,随着学生数量的增加,学校必须提供更多的课桌椅等设施,当学生数达到一定上限的时候,老师的编制和班级的数量都需要进行相应的调整,从而使成本费用上升,故增加边际人数的教育成本并不为零,所以说教育产品在非竞争性上表现不充分。其二是具有非竞争性和不充分的非排他性的混合公共产品,其典型例子为公共道路,由于各种车都可以在公路上通行,所以带有明显的非竞争性;但是道路的宽度是一定的,当 A 占用了某路段的时候,B 就不能使用这一路段,不然可能会导致交通阻塞,即公共道路带有不充分的非排他性。

通过上述分析,我们发现按照市场机制来提供纯公共产品是行不通的,只能由政府和社区承担起供给的责任,其范围是比较狭小。而对混合公共产品而言,在供给方面偏向"公共"特性,在消费方面偏向"私人"特性,这种双重的特性决定了其供给主体除了政府和社区之外,还包括私人、俱乐部和市场等,其范围较宽,例如教育、文化、广播、体育、电视、医院、应用科学研究、公路、农林技术推广等事业单位所提供的面向社会大众的产品或服务,还有按照企业核算的方式供给的水电、邮政、铁路、码头、港口、市政建设、城市公共交通等[1]。

---

① 张晓琳. 当前我国农村公共产品的有效供给研究 [D]. 中国海洋大学硕士学位论文,2011;刘从鸿. 城乡公共产品供给均等化的研究 [D]. 兰州大学硕士学位论文,2010.

（2）按公共产品的空间范围，可划分为国际性、全国性、地方性和社区性公共产品四种类型。

所谓的国际性公共产品，就是整个世界都能共同消费和受益的公共产品，超越了国家的界限。国际卫生组织、大气层的防护等都是其典型例子。至于全国性公共产品，其面向的主体仅限于本国内的居民，例如国防等，带有鲜明的国家界限。而地方性公共产品面向的主体则是一定地域范围内的居民，例如公园、街道路灯、农业技术和水利设施等。通常而言，全国性的公共产品供给由中央政府承担，地方政府主要供给面向当地或部分外溢到周边地域的地方性公共产品。最后社区公共产品是为了满足社区居民的需要而建立的社区健身器材、社区书屋、邻里纠纷调解、社区卫生等产品和服务。

当然，这几种公共产品并不能截然分开，它们有时互相兼有其他类型公共产品的功效。例如，沈大高速公路既是一种全国性公共产品，同时又是一种区域性公共产品或地方性公共产品。因为我国所有的公民都能够通过它来运输货物和出差旅行，带动了我国整个经济社会的发展，而对该公路的沿线地区和居民来说，更是获得更多、更直接的效用。由于公共产品的外部性、经济一体化的发展和广泛的经济合作，人类面临可持续发展问题，全球性、全国性和区域性公共产品所发挥的效益越来越大，其需求也越来越强烈。例如，2009 年的哥本哈根气候大会就旨在解决大气层遭到破坏引发的全人类生存发展问题。为了缓解内蒙古、北京以及其他受害区域的土壤沙化和沙尘暴问题，而在内蒙古进行植被保护、植树造林等构建起防护林带①。

（3）根据公共产品的表现形式，可划分为有形和无形两种公

---

① 于印辉. 我国农村公共产品供给问题研究［D］. 东北财经大学博士学位论文，2010.

共产品。

有形公共产品是那些具有具体的实物形态、实实在在的公共产品,例如道路、公园、图书馆、水利设施等,它们在日常生活中普遍出现而且人们也非常重视其供给的状况,并进行评判,因此,倘若有形公共产品存在问题,相对能够更快、更好地得到解决,从而形成更充足的供给现状。无形公共产品是指没有实物形态的,看不见、摸不着的但又真真切切存在的公共产品,主要有制度性和服务类公共产品。具体包括制度、秩序、公平、公共信息服务等。就制度而言,其有效性是可以较快地得出结论的,但是其考证的过程却是非常漫长的。此外,制度的实施将深刻地影响人们的生产和生活,而且由于其自身的强制性,全体社会成员只能接受该制度,在该制度之下进行行为的选择。

有形公共产品对社会经济发展起着基础性作用,而无形公共产品则在更高层面上推动社会经济发展,经济越发达,无形公共产品的需求就越广泛。从政府的职能演进看,当经济发展到一定程度时,政府由提供有形公共产品较多,逐步向提供无形公共产品更多的趋势发展。例如,有效率的政府管理可以使每个人在其他条件不变的情况下受益更多;充分的公共信息能够减少私人生产成本①。

(4) 按照公共产品的功能,可划分为消费性、生产性和行政性三种公共产品。

消费性公共产品是指与消费者生活消费直接相关的公共产品。例如,食品安全、垃圾处理、医疗卫生、社区健身器材、居民供水与排水系统等。它关系着公民的基本生活生存状况,是民生性的公共产品。生产性公共产品是指和生产要素及其活动有着直接

---

① 刘从鸿. 城乡公共产品供给均等化的研究 [D]. 兰州大学硕士学位论文, 2010.

而又紧密联系的公共产品。例如，农田水利基本建设、市场交易信息和秩序、科学发明、政府就业培训等。它关系着社会经济的发展，具有中间投入品的性质。当然，有些公共产品也不容易区分它属于其中哪一类。例如，教育不仅塑造了人们全面的素质和生存能力，而且为企业及整个社会培养了大批人才。行政性公共产品是指维持国家政权正常运转和政府日常行政的公共产品。例如，人民大会堂、电子政务、司法制度、公务员培训等。它虽然与生活生产没有直接关系，但却是经济社会稳定、有序运行的根本保障，也是政府进行公共管理和服务的必要前提。

当然，以上分类只是对公共产品认识的一个方面，每一种分类也不是孤立存在的，它与其他分类形式都有联系或交叉。通过上述分类，我们能够对公共产品有一个全方位、多层次的认识，更深入地分析其特性和受益范围，根据消费者的公共需求和社会经济发展的需要设计更有效率的公共产品供给制度①。

（四）公共产品的供给主体

公共服务是政府的首要职责，但并不等于政府是唯一的供给者，社会和市场机制也参与其中，只是三者的作用和重要性在不同的国家有所差异。例如，市场是"盎格鲁—萨克逊"模式的中流砥柱，尤其以美国和英国最为典型；就政府而言，不仅受到了欧洲模式的偏爱，如德国和法国等，而且更是在以日本为首的东亚模式中占据主导地位②。

当前，就我国公共产品的供给现状而言，主要包括 4 类供给主体，即政府、私人或企业、社区和非营利性组织③。

---

① 于印辉．我国农村公共产品供给问题研究［D］．东北财经大学博士学位论文，2010.

② 刘晓苏．发达国家公共服务供给透析［J］．社会科学，2009（1）．

③ 财政科学研究所．关于我国现阶段农村公共产品供给研究［J］．经济参考研究，2006；白荣欣．社会主义新农村宏观经济政策研究［M］．北京：新华出版社，2008；李彬、李葆华．农村公共产品供给与政府供给责任研究［J］．乡镇经济，2006（4）．

（1）政府供给主体。倘若遵循利益最大化的市场机制来提供公共产品，其外部性和"搭便车"现象将导致供给的低效和不足，这时政府就应当承担起供给的责任，切实维护公众利益。除此之外，政府还应当积极主动地推进公共产品供给制度的调整和改革。具体来说，中央政府负责全国性的公共产品；地方政府负责受益于当地的公共产品；此外，二者共同负责具有外溢性的地方性公共产品。

（2）私人或企业供给主体。政府在供给公共产品时，也会产生交易成本和费用，甚至有时比私人或企业更高，效率远远低于市场机制，即便不是所有的公共产品都适合由政府提供，政府也会出现"失灵"现象。此时，应引进市场机制，由私人或企业来提供，如自来水、电、煤气等，从而提高公共产品的供给效率。

（3）社区供给主体。倘若我国的公共产品都交由中央政府统一提供，面临我国区域发展不平衡、多层次的现状，其很难细致、准确地认识到各区域的需求所在，从而导致供给不足、供求失衡等现象。而作为不同于政府或企业的全新主体，社区恰恰能弥补这一缺陷，能够切实地了解到该社区居民的迫切需求，按照集体协商、共同集资的原则，更高效地为居民供给公共产品，并且也有利于成本的降低。

（4）非营利性组织供给主体。非营利性组织具体包括社会组织、志愿团体和民间协会等非营利性机构，是基于公民的意愿成立的。美国著名管理学家彼得·杜拉克（P. F. Drucker）就曾指出，相对于政府来说，非营利性组织更加高效，几乎比政府整整高出一倍。因此，作为公共产品的供给主体，非营利性组织具备得天独厚的条件。目前，我国农村经济合作社、各类专业协会等非营利性组织在提供公共产品方面发挥着重要作用，不仅能够适应管理体制改革的需要，而且弥补了政府在公共产品管理上的"缺位"，解决了政府管不了、管不好而居民又不愿管的事，在信息咨询、政策实施、矛盾疏通、民意表达等方面扮演着桥梁的角色，从而真正满足人们的需求，保证农村公共产品的充足，具有灵活、低廉、有效的优势。

（五）公共产品的供给模式

谁应该供给公共产品是一个基本的理论问题。按照传统理论，公共产品的非竞争性和非排他性使其具有外部性，产生市场失灵的现象。因此，只有唯一的供给主体——政府。但是，纵观政府提供公共产品的演变过程，从最初公共性水平达到顶峰发展到后来公共性水平不断降低。在过去的几十年里，发达国家逐渐提高矿业、交通、通讯、电力等公共产品的私有化的水平。因此，传统的政府是公共产品唯一供给者的观点是不符合实践发展的。那么到底应该由谁来供给公共产品？

通过对公共产品消费特性和受益范围的研究，公共产品的非排他性与非竞争性的相关度和受益空间范围成为公共产品供给机制选择的原则，学术界提出了公共产品的层次性问题，从而得出公共产品多元化供给的结论。传统经济学指出，只能由政府来供给公共产品，但在对政府供给公共产品的效率进行深入探究后，认为政府或非市场机制并不是万能的，有些情况下，仅仅由政府提供公共产品，不仅效率低下，而且会造成资源的浪费，因此，在一定的条件下，应当引进市场机制以弥补其缺陷。简而言之，纯公共产品、全国性公共产品由政府提供效率更高，收益空间范围更大。由于准公共产品、俱乐部物品具有排他性或内部效益较大，可以采取政府与市场相结合的供给模式或者主要由市场、私人供给的方式。因此，公共产品的供给主要有三种模式：政府直接供给公共产品；政府利用市场间接供给公共产品；私人供给公共产品①。

---

①　于印辉.我国农村公共产品供给问题研究［D］.东北财经大学博士学位论文，2010.

（1）政府直接供给公共产品，采取国有国营的模式。政府提供公共产品主要是通过征税来解决成本补偿问题。公共产品的效用是不可分割的，其消费量无法精准计算，而税收是精确的，所以每个人的纳税额与其公共产品的消费量并不是完全对等的。这一类公共产品包括以下几类：

①代表国家意志的公共产品，如法律法规、军队、警察、监狱、法庭等。

②与社会公平分配目标有关的公共产品，如医疗、卫生、基础教育、社会保障等。

③与社会发展有关的公共产品，如环保、科研等。

④自然垄断类公共产品，如邮政、铁路等。

公共产品的非竞争性导致公共产品的盈利性差，不符合市场的原则；非排他性能够利用财政的方式，最大限度地实现社会福利。因此，政府直接供给公共产品在保证最基本的公共产品方面具有不可替代的重要作用[1]。

（2）政府利用市场间接供给公共产品。具体来说，采用政府和私人供给相结合的方式，并且政府对私人给予物质支持。例如，1997年，美国政府对私立高等学校和二分之一以上的私人医院给予一定程度的财政补贴和资助。当前越来越多的国家纷纷选择该模式以提高公共产品的供给效率。

（3）私人提供公共产品。当前私人出资建立的道路、学校、医院等公共产品遍布世界各地，全球慈善机构每年能够收到高达上千亿美元的捐款。现实生活中，人们自愿供给公共产品主要有以下两点原因：

一是为了实现个人效用的最大化。提供公共产品将得到社会

---

[1] 张晓琳. 当前我国农村公共产品的有效供给研究 [D]. 中国海洋大学硕士学位论文，2011.

的认可和赞赏，从而得到心理上的满足。

二是为了避免使用公共产品时的拥挤而愿意供给。很多人同时消费公共产品会导致消费成本的上升，当收入远远大于私人提供公共产品的成本的时候，以富人为代表的私人将非常乐意提供公共产品[①]。

此外，私人供给的模式能够填补政府和市场的空缺，更真切地了解当地的需要，提供更好的公共产品。

（六）公共产品有效供给

公共产品无法由市场统一定价，政府只能通过税收来为公共产品的提供和维持支付成本。全体社会成员根据各自受益程度所愿承担的税收总额是影响公共产品有效供给的核心要素。其主要难题集中在科学分摊公共产品的成本、实现税收与公共产品供给二者间的平衡两个方面。社会成员所愿承担的税收与从公共产品获取的效用息息相关。由于每个人对公共产品的消费需求是不同的，从中获取的效用也有很大差别，因此所承担的税收，即对公共产品成本的分担也不尽相同，造成各种公共产品的供给水平参差不齐的局面。而"免费搭车"行为导致公共产品供给匮乏的现象越发严重，难以满足社会需求[②]。在公共产品的市场上，需求决定供给是最基本的原则，政府只能遵循需求的大小，被动地提供公共产品[③]。

（七）农村公共产品的概念

作为公共产品中不可缺少的一部分，农村公共产品以农村居民为消费群体和受益对象，着眼于农村居民的实际需要，集非排他性、非竞争性、收益外溢性等公共产品的特性于一身。这些产

① 杨明媛. 欠发达地区农村公共产品有效供给研究 [D]. 西南财经大学硕士学位论文，2007.
② 樊勇明. 公共经济学导引与案例 [M]. 上海：复旦大学出版社，2003.
③ 周游. 公共经济学概论 [M]. 武汉：武汉出版社，2002.

品或服务会使农村受益，但其中有些社会产品或服务的受益范围并不局限于农村地区。例如教育，它除了满足了农村居民对知识的渴望之外，还惠及整个国家，具有明显的溢出效应。还有学者从我国农村公共产品的特殊性出发，将农村公共产品定义为："所谓中国农村公共产品，是在政府的主导下，综合运用税收以及其他合法财政收入和人力资源，根据我国农村的实际需求提供的兼具非竞争性和非排他性的产品或服务。"[1] 但要强调的是，在我国城乡二元经济结构大背景下产生的农村公共产品，不仅具有一般公共产品的特性，更为重要的是，它还具有一定的体制性特征。因此，中国农村公共产品不仅是一个地区性的概念，也是一个社会经济结构上的概念，它属于农村经济的范畴，是农村经济的一个重要组成部分。从这个意义上讲，又可以把农村公共产品看作农村经济社会发展、农业生产发展和广大农民日常生产生活共同需要的一系列产品和服务。根据消费的竞争性、收益的排他性和外部性这三个标准，可将其划分成纯公共产品和准公共产品两类[2]。其中，又以介于纯公共产品与私人物品之间的准公共产品为主。

（八）农村公共产品的特征

总体来讲，农村公共产品属于公共产品范畴，那么它必定具备其本质属性，即非竞争性和非排他性。同时，它也具备公共产品效用的不可分割性和消费的不可拒绝性，在效应上具有很强的正外部性。

为了更好地探究我国公共产品的特性，除了立足于最基础的概念内涵之外，还必须结合我国当前农村经济社会的实际情况。即除了一般公共产品所共有的属性之外，我国农村公共产品还有以下独特的特性：

---

① 杨红. 中国农村公共产品特殊论 [M]. 北京：中国税务出版社，2006.
② 李英哲. 我国农村公共产品供给不足的实证分析及建议 [J]. 财政研究，2009（2）.

（1）农村公共产品具有地域性和分散性。农村公共产品是面向农村、致力于农业、服务于农民的公共产品。目前我国城乡经济发展、产业结构、生态环境等依然具有巨大差别，二元结构特征明显，而在公共产品方面，城乡差异亦相当明显。由于农村具有小聚居、生产规模小且分散的特点，因此，农村公共产品也呈现出分散的特点，难以达到城市集中供给的水平。

（2）农村公共产品具有多元化和差异性。农村公共产品在需求上的多元化特性表现为多层次性和多样性，这种多元化特性又形成了农村公共产品在供给上存在着很多差异性。这关键取决于公共产品的受益范围和需求层次。

前文根据公共产品受益空间这一标准，公共产品有全国性、地方性、区域性和社区公共产品之分。在我国统一的财政体制下，各级政府和组织分别负责不同层级的农村公共产品的供给，具体来说，全国性农村公共产品一般由中央政府负责，地方性农村公共产品一般由地方政府负责，农村社区公共产品一般由农村基层组织负责。此外，还存在一些其他情况，如需要跨区域提供的公共产品，不少农村公共产品就是对上级政府所提供的公共产品的配套和延伸。通常来说，最基本的农村公共产品是指那些同农村居民的生产生活密切联系的民生性公共产品，必须确保其优先供给的地位，然后再供给与农村发展有直接联系的基础性公共产品，与农村文化和精神文明建设相关的高层次公共产品应该再次供给，这种与需求层次相对应的供给排序构成了农村公共产品的另一种层次。由此可见，农村公共产品存在多层次性。在马斯洛的需求层次理论的基础上，按照农村居民的需求，可将农村公共产品划分为六个层次（见图1）[①]。

---

① 张晓琳. 当前我国农村公共产品的有效供给研究［D］. 中国海洋大学硕士学位论文，2011.

第六层次 （自我实现需要）	公园、图书室、文化馆
第五层次 （福利需要）	农业风险、养老和医疗风险
第四层次 （个人休闲娱乐需求）	电影院、广播电视
第三层次 （进一步提高农业生产能力需要）	农业科技、教育、电信
第二层次 （安全需要）	公共治安、医疗服务
第一层次 （满足生产基本需要）	道路、桥梁、水利设施、生态林网、电力、大型农具

图1 农村公共产品层次划分[①]

我国农村自然地理条件、人口状况、文化传统、农业生产等都存在着多样性的特点，各地区农村经济和社会发展程度差异性大，呈现非均衡态势，甚至某一地区的各个个体或小范围之间也呈现非均衡的态势。自然条件、农民收入水平、受教育程度、传统习惯等因素的差异都决定着农村公共产品的不同需求层次，因此，农村公共产品在需求和供给上必然具有多样性，多样性又进一步导致了诸多差异性的存在。这种多样性和差异性与市场经济的统一性存在的矛盾是一个必然、长期的过程。例如，贫困落后的农村地区对能直接提高农村生产生活水平的公共医疗卫生、基础设施建设、农业科技等类型的公共产品需求较多；而经济较为发达的农村地区对教育、卫生保健、文化设施、娱乐设施等类型的公共产品需求更多。

（3）农村公共产品的依赖性。首先，由于农业是与自然和市场条件密切相关的基础产业，同时又是自然风险和市场风险相互交织的弱势产业，因此，农村公共产品是私人物品生产的基础，对其具有决定性的影响。其次，同发达国家的农业工业化相比，目前我国的农业生产力水平还十分低下，但是农业作为国民经济

---

① 周小常．农村公共产品供给制度创新［D］．湖南农业大学硕士学位论文，2001.

的基础，对我国又具有十分重要的意义，从而使得农村公共产品的供给强烈地依赖于政府。这两点共同构成了农村公共产品的依赖性。

（九）农村公共产品的分类

农村公共产品依据不同的标准可以划分成主要的三类：

第一类，农村公共产品同样分为农村纯公共产品和准公共产品两类。其中，纯公共产品是同时满足消费的非排他性和非竞争性的公共产品，例如，农村基层政府行政服务、农业基础研究和发展战略研究、农村发展综合规划及信息系统、农村环保和大江大河治理等。而准公共产品（或混合产品）介于纯公共产品和纯私人物品之间，是不同时满足这两种基本特性的公共产品，或具备纯公共产品的某一个属性，或具备一定程度的非排他性和非竞争性，是集公共性和私人性于一体的混合产品。例如，农村义务教育、医疗卫生、社会保障、道路建设、文化馆、中低产田改造、乡村电网改造等。① 按照准公共产品的属性及其在排他性、竞争性与外部性方面的差异，又可将农村准公共产品分为三类：一是在属性上接近于纯公共产品，具体包括：农村义务教育、公共卫生、社会保障、农业科技成果的推广等。二是一般的农村准公共产品。具体包括：农村高中及职业教育、农村医疗、农村道路建设、农村水利灌溉系统、中低产田改造、乡村电网改造、农村文化馆等。三是在属性上接近私人物品的农村准公共产品。具体包括：农村电视、电信、成人教育、自来水、农业多种经营、农业机械设备的投入等。

第二类，以公共产品的形态作为标准，农村公共产品可分为两类：一是"硬"公共产品，即有形公共产品，具体包括农村道路和电网、水利工程、文化馆等具有实物形态的公共产品；二是

---

① 陈永新. 中国农村公共产品供给制度的创新［J］. 农业经济导刊，2005（5）.

"软"公共产品，即无形公共产品，具体包括农业科技和气象服务、农业基础科学和发展战略研究、农业科技成果推广、农村信息系统等。

第三类，以公共产品的最终用途作为标准，农村公共产品可分为生产性和消费性两类。所谓生产性农村公共产品就是指针对以农业生产为主或者以种养业作为主要收入渠道的农民在产前、产中和产后这一系列过程中出现的非竞争性、非排他性消费，具体如：农业公共基础设施、农业补贴、公共农业技术信息和服务等，政府承担起供给责任。消费性的农村公共产品是指针对全体农村居民的消费需求，公共部门为其供给的像城市居民一样的公共产品，具体涉及农村的生活公共基础设施、医疗保障、义务教育等。

以上各种农村公共产品按照受益空间的大小，又可划分为全国性、区域性和地方性农村公共产品。其中，农业基础科学研究、计划生育、民兵训练等为全国性公共产品；大型水利工程、大江大河治理、跨地区的病虫害防治等为区域性公共产品；农村医疗、地区道路建设等为地方性公共产品。

由于各种公共产品在供给主体、消费责任、规制模式、法律制度上各不相同，在进行上述分层分类之后，有利于对农村公共产品进行明确、深入的研究。[①] 例如：私人物品具有消费的竞争性和排他性，因此其供给比较适合由市场原则下的私人或企业负责；属于家庭的公共产品理应交由家庭成员一起提供；而一个村的公共产品，则由该村居民共同提供。[②] 明确界定公共产品的受益空间，清晰表明了公共产品与受益人的关系，不仅使各级政府的职责一目了然，也为政府如何提供公共产品提供了更多的方式。由

---

① 方世南．农村城镇化：江苏建设社会主义新农村的伟大创举［J］．马克思主义研究，2006（4）．

② 马晓河，方松海．我国农村公共品的供给现状、问题与对策［J］．农业经济问题，2005（4）．

于公共产品的两大本质特性——非排他性和非竞争性，使得市场机制失灵，而政府则能够弥补这一缺陷，并且成本相对要低得多，效率却要高得多，即政府在提供公共产品这一点上具备不可比拟的优越性。因此，公共产品的供给应当在当前制度的框架下，力求达到社会公平最大化的目标。而对公共产品进行分类研究，能够更好地确定其筹资渠道和实现方式，从而使得公共产品达到供求均衡的状态，并在效率优先的情况下兼顾公平。

就本书的研究范围而言，本书所研究的农村公共产品主要包括以下几类：①农村基础设施；②农村医疗卫生；③农村文化教育；④农村社会保障。

这四类农村公共产品既包括农村纯公共产品，也包括农村准公共产品，即有有形公共产品，又有无形公共产品，既有消费性公共产品，又有生产性公共产品，是农村公共产品中最为重要的几类公共产品，以此作为本书的研究对象来研究山东省农村公共产品供给具有代表性和典型性。

（十）农村公共产品的有效供给

所谓有效供给，是指所提供的公共产品和服务的量、质、价不仅能够满足消费者的需求，也在其接受能力范围之内，从而实现供求均衡。

农村公共产品的有效供给则是说在农村地区，公共部门应当遵循农村居民从公共产品中所得到的边际效益与所承担的公共产品的边际成本相等的原则，来有效地满足农村的公共需求。

（十一）农村公共产品有效供给的意义

农村公共产品的有效供给对发展农村经济、建设社会主义新农村具有长远的战略意义和重要的现实价值。

（1）农村公共产品的有效供给能够增加农民的收入，刺激农民的消费需求，从而带动农村经济的快速发展。长期以来，我国实行向城市倾斜的战略政策，导致农村地区的公共产品严重匮乏。而农村私人物品在很大程度上依赖于公共产品，并且市场化程度越高，以分散式经营的农村地区对公共产品的依赖性就越大。张军、蒋维指出："1985 年前后，农村公共产品供给的恶化对农业生产力造成了极其不良的影响，不仅降低了农民的收入，更减少了农村私人物品的收益。"[①] 内需不足是影响我国经济发展的关键因素，在我国绝大多数的人口都是农民，因此造成内需不足的关键就在于农村消费需求低迷。林毅夫指出："农民的消费能力同农村公共产品的供给息息相关，农村的消费需求随着公共产品的供给的增加而增加，农民消费能力的提高能够促进我国经济的快速发展。[②]"此外，学者李燕凌和李立清还对农村公共产品的提供和农民消费之间的关系进行了研究，得出"农村公共产品的供给同农业生产、农民消费和农民家庭储蓄都存在着较强相关性"的结论。[③]

当前，如果政府履行供给农村公共产品和服务的职能，着力优化农村产业结构、改善农民家庭经营条件，增加农民收入，与此同时，对农村道路、水电、水利设施、基础教育、公共卫生、社会保障等公共产品进行及时有效地供给，将会产生明显的就业效应、收入效应和消费效应，从而拉动农村的消费，扩大内需，促进经济的迅速发展。

（2）农村公共产品的有效供给能够减少城市与农村之间的差别，促进农村的全面发展，实现城乡一体化。通过调查发现，公共产品的匮乏是农村与城市的主要差距，农村地区普遍在道路、用水、看病、教育等问题上存在困难，所以当前政府应当回馈农村为城市发展作出的牺牲和贡献，及时、有效地供给农村迫切需

---

① 张军，蒋维．改革后农村公共产品的供给：理论与经验研究［J］社会科学战线，1998（1）．

② 林毅夫．"三农"问题与我国农村的未来发展［J］．农业经济问题，2003（1）．

③ 李燕凌，李立清．农村公共品供给对农民消费支出的影响［J］．四川大学学报（哲学社会科学版），2005（5）．

求的公共产品，以缩小城乡差异，消除城乡矛盾，促进城乡协调发展，全面改变农村的落后面貌，实现城乡经济社会的全面融合，[1] 加快农民小康生活水平的实现。

（3）农村公共产品的有效供给能够消除农村区域经济的差距，促进区域协调发展，从而实现各区域间的均衡。现阶段，与东部地区农村公共产品的供给相比，中西部地区则处于非常匮乏、稀少的现状。其原因就在于各区域的资源和经济发展水平的不同，从而产生了不同的公共产品的需求。[2] 东部农村地区是需要提高生活质量的公共产品，中西部地区却是为了改善基本的生产生活条件而对基础性公共产品的强烈需求。

2000 年世界发展报告认为："公共产品对贫困地区而言，代表着效率和公平，有助于提高贫困人口的素质和能力，提供更多的生存和发展机遇。所以，公共产品的供给体制和政策在解决贫困问题上具有重要的影响。"[3] 假如我国有步骤、有重点地提供中西部地区农村公共产品，尤其是供给基础性公共产品，那么随着农民收入的增加，其对公共产品的消费层次和范围也将得到快速提升，如此循环推动，实现区域经济的均衡发展。

（4）农村公共产品的有效供给有助于开拓农村市场，提高广大农村的生活水平，推动农村城镇化进程。当前，我国工业生产能力相对过剩，内需不足，一个重要的原因就是农村市场的低迷，其中农村公共产品的不足严重影响了农民对家庭用品的需求，有很多产品农民具有消费能力，但是由于公共产品的不足而无法使用，大大抑制了农村消费需求。[4] 所以，及时有效地保证农村公共

---

①　李华罡，苏徐红，苑菲. 农村公共产品供给的途径分析 [J]. 市场周刊，2004 (1).

②　郭凤旗. 和谐社会：我国农村公共物品治理的多元模式 [J]. 江西农业大学学报，2005 (6).

③　石洪斌. 农村公共物品供给研究 [M]. 北京：科学出版社，2009.

④　张要杰. 构筑税费改革后的农村公共产品供给新体制 [N]. 中国经济时报，2003-2-21.

产品的供给，促进新农村建设，让农民享有更多的社会福利和益处，提升农村的生活质量，统筹城乡协调发展。

（十二）农村公共产品供给模式

供给模式是立足于供给主体的视角对供给职责、筹资方式等方面进行探讨研究。随着我国经济社会的不断发展，农村公共产品的供给主体呈现出多元化发展趋势，除了政府以外，农村公共产品的供给还包括个人、社区以及非营利组织、社会慈善机构等社会团体。因此，我国农村公共产品的供给模式一般分为：政府部门供给模式、私人部门供给模式和第三部门供给模式。

1. 公共产品的政府供给模式

公共产品的政府供给是在充分发挥市场配置资源作用的前提下，政府基于公平的原则，通过税收和公共收费等方式筹集资金，运用财政支付等公共资源来提供公共产品的一种模式。其供给具有"自上而下"的决策机制、筹资机制、管理和监督机制。免费搭车和私人提供时产生的巨大交易成本等现象，都会导致市场失灵，而政府所具有的强制性手段恰恰能弥补上述缺陷，从而必须承担起供给公共产品的职责。政府的征税权保证了供给成本的补偿，但并不能保证政府一定按照成本征税。如果假定政府并不把经济利益最大化作为自己的目标，那么其在供给公共产品时，很难将成本降到最低，从而导致政府供给公共产品的不足和低效率。

2. 公共产品的私人提供模式

公共产品的私人（市场）供给就是个人或营利组织为了获取经济利益，以市场需求状况为依据，通过收取一定的使用费用来提供公共产品。鉴于公共产品有诸多种类，政府供给公共产品的效率低下，准公共产品也能够在技术上解决排他性等情形，私人供给有必要也有能力存在于公共产品之中。在经济人假设条件下，公共产品的私人供给是有条件的。第一，私人供给主要针对的是准公共产品；第二，公共产品必须能够在技术上解决消费上的排他性；第三，私人供给需要有一套完善的制度来作为保障，其中产权制度尤为重要。一般而言，公共产品的私人供给可以分为三类：第一类全部由私人提供，即公共产品的投资、建设和日后的修缮等全部过程统统交给私人负责，并且收取消费的费用来弥补投入甚至盈利；第二类由私人和政府共同提供，即私人与政府达成某种形式的联合，普遍是政府给予私人一定程度的财政补贴和优惠政策。第三类由私人和社区共同提供，即二者通过达成某些条件，联合起来共同供给公共产品。

3. 公共产品的第三部门供给

除了市场和政府以外的、主动承担社会公共事务和公共福利事业的社会中介机构就是第三部门，主要包括非营利组织（NPO）和非政府组织（NGO）。它们具有公益性、非营利性、组织性、民间性、自愿性和自治性等特点。[①]

第三部门提供公共产品具有自身独特的优势，首先，由第三部门提供公共产品，可以免除政府效率低下的状况；其次，第三部门能够充当政府与市场沟通的桥梁，协调两者之间的行为，减少政府对国民经济的严格干预，同时弥补市场机制下私人或企业力量薄弱的缺陷；最后，第三部门在提供公共产品时，提高了公民参与社会管理的热情，推动了社会进步。

由以上分析可以看到，公共产品有着各式各样的供给方式，就算是一种公共产品，其供给机制也可以有诸多选择。公共产品的政府供给和私人供给分别面临着政府失灵和市场失灵的现象，而这也成为二者互相存在的合理性，并且为第三部门留下了一个广阔的发挥空间。

---

① 方东荔. 税费改革后我国农村公共产品的有效供给研究［D］. 福建师范大学硕士学位论文，2006.

三、研究思路与方法

(一) 研究思路

本书的总体研究思路是从理论和实证两方面对山东省城乡一体化进程中农村公共产品的有效供给进行研究，同时深入分析了山东省政府在农村公共产品供给财力投入问题和转移支付制度创新，并根据分析结果，提出相应的改善措施。

1. 理论分析

在理论分析方面，本研究报告首先回顾和分析了我国农村公共产品供给制度的演变历程，从体制和制度方面探求造成农村公共产品供给落后的根源，并对公共产品城乡供给差异的影响进行了阐析。然后从农村公共产品供给主体结构的现状及零农业税背景，来分析城乡一体化进程中农村公共产品供给主体结构的演变与责任的界定，并对在其中应发挥主导作用的政府进行了具体研究。最后以山东省为背景，在山东省农村公共产品供给现状分析的基础上，对政府在农村公共产品供给财力投入问题及转移支付制度创新进行分析，并根据分析结果，提出相应的改善措施。

2. 实证研究

在理论模型的指导下，本书将实证研究的重点放在山东省农村公共产品的现状分析和政府在农村公共产品供给财力投入问题上，其中现状分析部分包括对山东省农村公共产品的效率的实证分析和山东省各区域公共产品供给差异的实证分析。

(二) 研究方法

本书采用理论与实证相结合的方法，全面探析山东省城乡一体化进程中农村公共产品的有效供给问题。在实证研究方面，本研究报告主要采用了线性回归、简单描述统计、主成分分析、聚类分析以及面板数据等分析方法。

1. 线性回归模型分析[①]

回归分析是计量经济学中最基本的分析理论与方法，其研究的是变量间的相关关系和因果关系等依存性。为了方便分析，本书采用了一元线性回归模型来考察山东省农村居民人均纯收入对食品、居住、衣着、文化教育娱乐、医疗卫生保健、家庭设施及服务、交通运输和通讯等七类消费品支出的影响。

通常一元线性回归模型的形式如下：

$$y_t = \beta_0 + \beta_1 x_t + u_t \qquad (0-1)$$

（0—1）式表示变量 y_t 和 x_t 之间的真实关系。其中 y_t 是被解释变量（因变量），x_t 是解释变量（自变量），u_t 是随机误差项，β_0 是常数项，β_1 是回归系数（一般是未知的）。

2. 简单描述统计分析[②]

描述统计分析方法是指在对基本统计量（包括均值、方差、标准差、极大/小值、偏度、峰度等）进行计算和描述的基础上，并利用图表加以阐释，从而对数据的基本特征和整体分布进行深入而细致的掌控。

3. 主成分分析[③]

（1）主成分分析的基本思想

主成分分析（Principal Component Analysis）又叫主分量分析，简写为 PCA，以降维的思想为指导，将多个变量变换成少数几个能够更集中更典型解释研究对象特征的一种统计方法。在进行实证分析时，必须将各种影响因素考虑进来，才能对该问题进行全方位、系统的探究。其中，在多元统计分析中，将上述影响因素叫做变量，又叫指标。由于上述指标都在一定意义上影

---

① 高铁梅．计量经济分析方法与建模［M］．北京：清华大学出版社，2009．
② 卢纹岱．SPSS 统计分析［M］．北京：电子工业出版社，2010．
③ 卢纹岱．SPSS 统计分析［M］．北京：电子工业出版社，2010．

响着研究的对象，并且各变量之间并不是完全无关，其反映的信息也存在重合的地方。此外，在进行统计分析时，指标过多会导致研究的计算量和复杂程度的大大增加，因此，在运用定量方法时，能够在保证足够的信息的前提下，尽可能地减少变量的数量。

具体来讲，主成分分析法其实就是数学变换，即面临一组相关变量，运用线性变换，将其转化为另一组不相关的变量。一般来说，所得到的新变量能解释原来资料中的大部分变异，但是数量要比原来的少。它们根据方差递减的顺序排列，并且在数学变换中保持变量的总方差不变，使第一变量的方差最大，叫做第一主成分，第二变量的方差次之，并且和第一变量不相关，称为第二主成分。以此类推，i 个变量就对应着 i 个主成分。

（2）主成分分析的基本原理

设原始变量 $X = (X_1, \cdots\cdots, X_p)$ 是一个 p 维随机向量，对应着 p 个坐新的标轴，原始变量和新变量之间的线性变换关系可表述如下：

$$
\begin{cases}
Y_1 = I_1' X = I_{11} X_1 + I_{21} X_2 \cdots\cdots + I_{p1} X_p \\
Y_2 = I_2' X = I_{12} X_1 + I_{22} X_2 \cdots\cdots + I_{p2} X_p \\
\qquad\qquad\qquad \vdots \\
Y_p = I_p' X = I_{1p} X_1 + I_{2p} X_2 \cdots\cdots + I_{pp} X_p
\end{cases}
$$

其中 I_i 为 p 维正交化向量，即 $I_i' I_i = 1$（i=1，…，p）。

在所得到的 p 个新变量中，我们能够找到代表原始数据大部分方差所包含信息的 m 个新变量（m<p），剩下的 p—m 个新变量对方差的影响不大。因此，可以用 $Y_1, \cdots\cdots Y_m$ 这 m 个新变量来代替原来的 p 个变量 $X_1, \cdots\cdots, X_p$，并且 $Y_1, \cdots\cdots Y_m$ 可以尽可能地反映原 p 个变量的信息，我们称这 m 个新变量为原始变量的主成分，每一个新的变量都是原始变量的线性组合。这里的信息用 Y_i 的方差来表示，$Y_1, \cdots\cdots, Y_m$ 是按照其方差递减的顺序排列的，所以 Y_1

叫做第一主成分，Y_2 叫做第二主成分，依次类推，Y_m 就是第 m 主成分。为了最有效地代表原变量的信息，还要求 Y_1，……，Y_m 彼此不相关，即 $Cov(Y_i, Y_j) = 0$（i≠j）。记 X 的协方差矩阵为 Σ，求其特征值 λ_i（按从大到小排序）和特征向量，可得出如下结论：λ_i 所对应的正交化特征向量，即为第 i 主成分 Y_i 所对应系数向量 I_i，而 Y_i 的方差贡献率则为 $\lambda_i / \sum_{i=1}^{m} \lambda_i$。

同其他综合评价的方法相比，主成分分析方法在以下三个方面具有独特的自身优势：首先，它能够消除原始变量之间的相关性，从而更简便、更精确地得到计算结果；然后是降维简化了原始指标体系，且能尽可能多地反映原始指标的统计特性和信息量。由于原始变量所反映的信息存在重合的地方，即各变量之间存在相关性，这将大大减弱变量数据的作用，而降维恰恰是解决这一问题的最好办法，就是将原始的 p 个指标，经过线性变换成 m 个新的综合指标（通常 m 要比 p 少很多），并且这 m 个较少的且相互之间又是独立的指标可以尽可能多地反映原始变量数据的统计特性和信息量。最后是在把原始变量转换为主成分时，能够得出所反映信息的权重，且权重是由数据结果生成的，是客观赋权，不仅消除了人为的主观性，也减少了赋权的工作量，更能够客观、真实地反映各变量间的相互关系。

（3）主成分分析方法的步骤

①构建 n 个评价单元 p 个指标的原始数据矩阵 $M_{ij}(i = 1, 2, \cdots, n; j = 1, 2, \cdots, p)$，并对其进行无量纲化或标准化处理，通常采用 Z-score 无量纲化，得到 Z_{ij} 矩阵，$Z_{ij} = (X_{ij} - \overline{X_j})/S_j$。其中，$\overline{X_j} = \dfrac{1}{n}\sum_{i=1}^{n} X_{ij}$；$S_j = \sqrt{\dfrac{1}{n}\sum_{i=1}^{n}(X_{ij} - \overline{X_j})^2}$。$Z_{ij}$ 是第 i 个评价单元的第 j 个指标的无量纲化值；X_{ij} 是第 i 个评价单元的第 j 个指标值；$\overline{X_j}$ 是第 j 个指标值的平均值，S_j 是第 j 个指标的标准差。

②计算指标的相关系数矩阵 R_{jk}

$$R_{jk} = \frac{1}{n} \sum_{i=1}^{n} \frac{(X_{ij} - \overline{X_j})}{S_j} \cdot \frac{(X_{ik} - \overline{X_k})}{S_k} = \frac{1}{n} \sum_{i=1}^{n} Z_{ij} \cdot Z_{ik} \text{ ，且有}$$

$R_{ij} = 1$，$R_{jk} = R_{kj}$

③求 R_{jk} 阵的特征值 $\lambda_k (k = 1, 2, \cdots, p)$ 和特征向量 $L_k (k = 1, 2\cdots, p)$。根据特征方程 $|R - \lambda I| = 0$ 得到特征值 λ_k，并列出相应的特征向量 L_k。

④计算贡献率 $T_k = \lambda_k / \sum_{j=1}^{p} \lambda_j$ 与累计贡献率 $D_k = \sum_{j=i}^{k} T_j$。选取 $D_k \geqslant 80\%$ 的特征值 $\lambda_1, \lambda_2, \cdots \lambda_m (m < p)$ 对应的几个主成分。

事实上，评判哪些成分为主成分的标准有两个：其一是累计贡献率达到的百分比。具体来说，取 80% 的累计贡献率就是指这 m 个主成分（新变量）所含信息要达到原始变量的信息总量的 80%，剩下的 p－m 个新变量对方差的影响是非常小的，在我们接受的范围之内，因此将前 m 个成分作为主成分。其二，只要特征值比 1 大，就是主成分。

⑤计算主成分指标的权重 W_j：将这 m 个主成分特征值的累计贡献率 D_m 定为 1，算出 T_1，T_2，$\cdots$，T_m 所对应的新的 T_1'，T_2'，$\cdots$，T_m'，就是主成分指标的权重。

⑥计算主成分得分矩阵 $G_{ij} (i = 1, 2, \cdots, n; j = 1, 2, \cdots, m)$

⑦依照综合评价模型 $F_j = \sum_{j=1}^{p} W_j \cdot G_{ij} (i = 1, 2, \cdots, n; j = 1, 2, \cdots, m)$ 计算综合评价值，其中，W_j 是第 j 个主成分的权重，G_{ij} 是第 i 个区域单元的第 j 个主成分指标的单项评价值，并且 $W_j = T_j'$ $(j = 1, 2, \cdots, m)$。

4. 聚类分析[①]

聚类分析（Cluster Analysis）是多元分析方法的一种，其依

---

① 卢纹岱. SPSS 统计分析 [M]. 北京：电子工业出版社，2010.

据特征的不同，将研究对象分成不同的种类。其分类技术的应用性非常广泛，可以把具有同样特性的个体归为一类，并且同类间的同质性非常高，而不同类之间的差异非常大。其基本思想为：最开始要把所研究的样本或指标单独作为一类，然后依照样本的亲疏度排序，把亲疏度最高的两类合并为一类，然后再把合并后的这一类同其他类进行亲疏度的测量，然后再合并，如此循环往复，直到把所有的样本（或指标）合并为一类为止。

按照分类对象这一标准，可将聚类分析划分为 Q 型聚类和 R 型聚类。Q 型聚类，又称样本聚类（clustering for individuals），其研究对象为样本，把相似的样本聚集在一起，将差异性大的样本分离开来；R 型聚类，又称指标聚类（clustering for variables），其研究对象为指标，将相似的变量聚集在一起，差异性大的变量分离开来，这样就可以在相似变量中选择少数具有代表性的变量参与其他分析，从而减少变量的数量、降低变量维度。在报告主要采取 Q 型聚类的方法。

聚类分析的主要步骤包括：

（1）变量的选择

由于聚类分析是依照所选定的变量对样本进行分类，其结果直接展现了所选定变量的数据结构的差异，因此变量的选择直接决定了聚类的最终结果。

在选择变量时需要注意两个问题：变量的个数问题以及变量间的相关性问题。变量的个数要适当，并非越多越好，一般应选择在研究对象上有显著差异的变量进行聚类分析。此外，所选择的变量间不应该存在高度相关性，多个存在相关性的指标相当于对单个指标进行多倍赋权，从而影响分析结果。在本书的研究中采用先对指标进行主成分分析的方法，主成分分析能有效地降低数据维度并产生新的不相关的变量。然后对主成分分析所产生的新变量进行聚类分析，以此来解决上述问题。

（2）计算相似性

研究对象之间的相似性反映研究对象之间的相互关系，聚类分析就是基于研究对象间的相似性进行分类。

相似性测度方法主要分为三类：相关测度、距离测度和关联测度。其中，相关测度应用最为广泛的是皮尔逊相关系数（Pearson correlation），即简单相关系数。距离测度则有欧式距离（Euclidean distance）、绝对值距离（Manhattan distance 或 city-block metric）、明科夫斯基距离（Minkowski metrics）和马氏距离（Mahalanobis distance）等。关联测度的方法很多但得到广泛应用的只有三种，具体为：简单匹配系数（the Simple matching coefficient）、雅克比系数（Jacccard's coefficient）和果瓦系数（Gower's coefficient）。

（3）聚类

在选择变量并计算出相似性后就要对研究对象进行分类。最为广泛的两种聚类方法分别是：层次聚类法（Hierarchical Cluster）和迭代聚类法（Iterative Partitioning Procedures）。

其中，层次聚类法是尤其被广泛地使用。它又包括聚集法（Agglomerative Method）和分解法（Divisive Method）。聚类法的核心思想是首先把所有样本各自作为独立的一类看待，然后把最短距离的两类合并为一新类，然后再重新计算类与类之间的距离，再合并最短距离的两类，如此反复直至所有的样本被归为一类。分解法的过程则和合并法相反，首先是将所有样本归为一类，然后把距离最远的样本分为两类，循环反复直至各样本自成一类。

在层次分析法中，计算类与类间距离的方法比较常见的有以下 5 种：

①最短距离法（Single Linkage），认为两类样本间最短距离就是类间距离的合理内涵。

假设 D_{pq} 表示类 G_p 与类 G_q 间的类间距离，x_i 表示 G_p 类中任一样本，x_j 表示 G_q 中任一样本，d_{ij} 表示 x_i 与 x_j 间的距离，则：

$$D_{pq} = \min_{x_i \in G_p, x_j \in G_q} d_{ij}$$

②最长距离法（Complete Linkage），认为两类样本间最长距离就是类间距离的合理内涵。用公式表示为：

$$D_{pq} = \max_{x_i \in G_p, x_j \in G_q} d_{ij}$$

③平均联结法（Average Linkage），认为两类中所有样本间距离的平均值就是类间距离的合理内涵。

④重心法（Centroid）认为两类重心间的距离就是类间距离的合理内涵。所谓的每类重心，就是指该类所有样本在各变量上的均值所代表的点。

⑤离差平方和法（Ward's Method）：其基本观点是同类样本具有比较小的离差平方和，不同类样本具有比较大的离差平方和。其具体步骤是最初把所有样本独自归为一类，以后的每一步都将离差平方和增加最小的两类合并为一类，直至所有样本都被归为一类为止。

（4）聚类结果的解释和证实

为了保证聚类结果的可信度，需要验证和解释聚类结果。

5. Granger 因果检验[1]

Granger 因果检验在考察序列 X 和 Y 是否存在因果关系时的基本方法如下：第一步，估计当前的 Y 值能够被其自身滞后期取值所解释的程度，第二步，引进序列 X 的滞后值，并检验其是否能够提高 Y 的被解释程度。倘若可以，那么序列 X 就是序列 Y 的格兰杰成因（Granger cause），此时 X 的滞后期系数具有统计显著性。通常来说，还应当检验序列 Y 是否是序列 X 的格兰杰成因，

---

① 张晓峒．计量经济分析（修订版）[M]．北京：经济科学出版社，2000.

全面考察二者之间的关系。Eviews 计算如下的双变量回归模型：

$$Y_t = \alpha_0 + \alpha_1 Y_{t-1} + \cdots + \alpha_k Y_{t-k} + \beta_1 X_{t-1} + \cdots + \beta_k X_{t-k}$$

$$X_t = \alpha_0 + \alpha_1 X_{t-1} + \cdots + \alpha_k X_{t-k} + \beta_1 Y_{t-1} + \cdots + \beta_k Y_{t-k}$$

其中，k 为最大滞后阶数。Granger 因果检验的原假设是序列 X（Y）不是序列 Y（X）的格兰杰成因，即：

$$\beta_1 = \beta_2 = \cdots = \beta_k = 0$$

第一章 文献综述

国内外关于公共产品的研究文献浩如烟海。可以说从经济学诞生的那天起，作为财政学的一个分支的公共产品理论已经进入经济学的研究视野，并一直是国内外学者重点关注的课题，他们基于各种研究视角对农村公共产品供给进行了众多、意义重大的深入探析。本章在接下来的理论综述中，对国内外有关公共产品的研究进行了全面、系统的梳理，特别是农村公共产品的研究，从内涵、供给主体、供给制度、供给模式、供给现状及问题对策等众多方面展开。

第一节 国外研究综述

公共产品的理论与实践研究在国外起步是较早的，并已形成了较为成熟的理论体系。但是其研究对象一般是城市的公共产品，很少涉及农村地区的公共产品。究其原因，一是公共产品和服务是随着市场经济的普及和城市化的发展才不断发展和增多的，现代工业文明已覆盖发达国家整个社会，并不存在城乡差距的问题，因此，西方发达国家的专家学者很少对其进行深入探讨。二是寻求农村公共品供给的详细数据及相关资料并非易事。但是，纵观当前对农村公共品供给进行研究的文献，其研究成果仍然涉及了农村公共品的供给主体、供给模式、供给制度和机制、供给效率等问题，并在此基础上提出了相应的解决措施。

一、公共产品思想和概念的形成及其分类

公共产品第一次是从哲学和政治学视角出发所产生的，首次提出公共产品基本思想的是英国著名的政治家、哲学家霍布斯（1657），他在其政治哲学著作《利维坦》中提出：一个国家其实便是"一大群人相互订立信约，每人都对它的行为授权，以便使它能按其认为有利于大家的和平与共同防卫的方式运用全体的力量和手段的一个人格"①。1739 年，思想家大卫·休谟对这一问题又深入了一步，他在其著作《人性论》中认为，公共事务不能由个人解决，其原因是个人往往会出于自私而尽量避免投入资金或者劳动，"这个政府虽然也是由人类所有的缺点所支配的一些人所组成的，可是它却借着最精微的、最巧妙的一种发明，成为在某种程度上免去了所有这些缺点的一个组织"②，这一思想其实已经反映出提供公共产品组织的最佳选择是政府。1776 年，亚当·斯密界定了国家的基本职能，他在其著作《国富论》中认为"国家必须对其社会的安全予以保障，确保国家内的广大人民群众不被其他人所侮辱和压迫，创设且维持所需的公共组织及工程"③，同时分析了公共产品的具体类型、所需财物的来源、供给方式、公平性等问题，首次把公共支出和市场失灵放在一起探讨。穆勒（Mill）通过对灯塔的深入探讨，得出了因为服务费收取难度巨大以及没有办法阻止他人获益，最终致使市场机制失灵的结论④。初期，古典经济学家从政府的基本职能出发来界定有关公共产品的

① 霍布斯. 利维坦［M］. 北京：商务印书馆，1986.
② 大卫·休谟. 人性论（下册）［M］. 北京：商务印书馆，1980.
③ 亚当·斯密. 国民财富的性质和原因的研究（下卷）［M］. 北京：商务印书馆，1974.
④ 约翰·穆勒. 政治经济学原理（中文版）［M］. 北京：商务印书馆，1991.

范围并讨论其提供方式，同时来探讨"搭便车"现象，公共产品理论的最初萌芽便是从上述探究产生的。1954 年，萨缪尔森在 (P. A. Samuelson) 其著作《公共支出纯理论》中相对精确地定义了公共产品："任何人对该产品进行消费，都不会导致其他人对该产品消费的减少"，指出了公共产品的效用不可分割性，消费的非排他性和非竞争性，[①] 这就是为以后众多学者所引用的公共产品的经典定义。

　　萨缪尔森明确将公共产品与私人产品的一个重要区别言明了，即公共产品的非竞争性。公共财政学派的马斯格雷夫对非纯私人产品进行了更进一步的划分，将其划分为两个类型：一是为尊重个人偏好而提供的"公共产品"，二是政府根据主观价值判断而提供的、具有消费强制性的"有益产品"，其划分依据是消费的选择权及强制性；[②] 公共选择学派的代表布坎南则在 1965 年首次对准公共产品进行了研究，他以"俱乐部产品"定义准公共产品，区分了公共产品的区域性。他基于公共产权视角认为产品不分私人或公共，区分在于是否为"俱乐部产品"，根据产品是否在"俱乐部"，可以分辨其消费竞争性和消费排他性，而产权制度直接影响产品的排他性，产权制度若侧重于公共决策，产品的公共产品性质就会多一些，反之则偏向私人产品性质。[③] 20 世纪 70 年代初，德姆塞茨将公共产品和集体产品二者划分开来，将公共产品界定为"对同一单位产品而言，可以在不增加成本的条件下，增加一个消费者"也就是消费的非竞争性；同时将集体产品界定为那些具有"将不付费者排除在消费之外是不可能的"特征的公共产

---

　　① P. A. Samuelson，The pure theory of public expenditure，Review of Economics and Statistics，November. 1954.

　　② 马斯格雷夫. 财政理论与实践［M］. 北京：中国财政经济出版社，2003.

　　③ 詹姆斯·M. 布坎南. 民主财政论［M］. 北京：商务印书馆，1999.

品。① 之后，桑得莫（1973）以消费技术为侧重点对混合产品进行了深入探讨。② 由于对公共产品的划分基于不同的标准且公共产品的划分不是绝对的，还要取决于试产和技术条件，大部分产品并非纯公共产品，也非纯私人产品，而是介于二者之间的混合公共产品。

二、农村公共产品的供给主体理论

（一）公共产品政府供给

霍布斯在其完成于 1651 年的《利维坦》一书对国家的论述中，体现了公共产品政府供给的思想。霍布斯指出，虽然公共产品为个人提供了利益和效用，但是个人却很难承担公共产品的提供成本，只有靠政府或集体提供。这也为之后的公共产品理论奠定了基础。该理论的基本思想是，社会中所有个人都享有自由平等的基本权利，个人在保护自身利益不受损害，又无法通过自身力量承担的情况下，在个人与个人之间互立契约的基础上创立了国家和政府。霍布斯认为，国家的本质"用一个定义来说，这就是一大群人相互订立信约、每个人都对它的行为授权，以便使它能按其认为有利于大家的和平与共同防卫的方式运用全体的力量和手段的一个人格"③。

尽管休谟（Hume）在其著作《人性论》里并没有直接给出公共产品的具体定义，也没有就公共产品的提供展开探讨，但他既对政府和社会的本源进行了详细的阐述，还举出草地排水这一具体事例来阐明政府能够战胜人性的弱点，提供桥梁等公共产品。

---

① 方东荔.税费改革后我国农村公共产品的有效供给研究 [D].福建师范大学硕士学位论文，2006.

② 于印辉.我国农村公共产品供给问题研究 [D].东北财经大学博士学位论文，2010.

③ 霍布斯.利维坦（中文版）[M].北京：商务印书馆，1985.

可以说《人性论》一书暗藏了由政府提供公共产品的基本思想。他还指出，人类是被利益所支配的，而且人们对其自身和自己的亲属或者有关系的人是最为关心的。《人性论》一书指出，即便人们总是希望将所有负担丢给别人，然而互为邻居的两个人能够在草地排水这一问题上实现约定，但一千个人则在这一问题上实现不了约定。休谟认为，由于行政长官的利益代表"相当多的臣民的利益……于是，在政府的关怀下，桥梁建起来了……尽管政府是由一些具有全部人类弱点的人组成的，但它却是人类能够创造的最精密最微妙的作品，它在某种程度上克服了所有这些弱点"。[①]因此政治社会能够凭借他们解决此问题。在《人性论》中，休谟指出有的事物依靠某个人实现是十分困难的，必须依赖集体活动来完成，人们要想实现利益最大化，就必须固守公共正义规则，政府的根源与职能就是供给个人没有能力提供的共同消费品，也被一些人称作集体消费品。

1776 年，亚当·斯密在其著作《国富论》一书里详细阐述了政府的基本职能。斯密指出，有些事项例如国家安全、社会安全、司法制度、公共事业等，因为存在"搭便车"这一现象，个人并无供给这类事项的动力，就得依靠政府来参与组织实施，采取税收措施筹集资金对这些事项进行供给。从某种意义上讲，政府的形成源于对公共产品的需要。[②] 亚当·斯密之后，19 世纪中期，约翰·穆勒在其著作《政治经济学原理》里指出政府一定要提供教育服务，特别是初等教育，从而保证人们可以得到并接受教育。"自由放任这个一般原则，尤其不适用于初等教育……政府就必须采取措施确保人们能够免费或以极低的费用接受初等教育。"[③]

鲍德威（Robin W. Boadway）和威迪逊（David E Wildasin）

---

① 大卫·休谟. 人性论（中文版）[M]. 北京：商务印书馆，1983.
② 亚当·斯密. 国富论 [M]. 上海：上海三联书店，2009.
③ 约翰·穆勒. 政治经济学原理 [M]. 北京：商务印书馆，1991.

指出绝对自由的市场就国防、公路、电力、除污及教育等产品进行供给,公共产品市场供给失灵,在此种情况下一种可行的办法是政府直接提供公共产品。[①] 鲍德威和威迪逊等学者在萨缪尔森对公共产品进行了经典界定之后就意识到了公共产品的两个基本特性,还找出了公共产品市场供给失灵的缘由,将公共产品政府供给的理论进一步深化。

由以上的分析可看出,古典经济学家们对公共产品的论述都是和政府的职责密切相关的,虽然没有明确地提出公共产品概念和公共产品政府供给的系统理论,但他们是在"依赖市场,不干预市场"这一基本条件下来探讨公共部门运行过程的,并指出只有在特定情形下,才需要集体提供,当然为了征集供应资金所设的税收也不例外。这里所谓的特定情形指的是公共产品单借市场得不到相应供给的情形,而集体供应和为了征集供应资金所设的税收恰恰是政府提供公共产品过程的重要组成部分。这一时期以霍布斯和休谟为代表。休谟等古典经济学家认为,实际生活中某些常见的公共产品,例如国防、安全、道路、桥梁、法规、制度、教育等单凭借市场是得不到有效供应的,还把人类拥有自私天性等原因归结为市场无法提供公共产品的缘由,古典经济学家认为,在提供上述公共产品的问题上,政府提供明显优于个人提供。可见休谟等古典经济学家虽然认识到公共产品政府供给的必要性,但由于对公共产品性质的认识不够深刻,意识不到由人类自私天性所导致公共产品供给中的"搭便车"现象,从而导致公共产品供给的市场失灵。

(二)公共产品市场供给

亚当·斯密在其著作《国富论》一书里认为,政府要尽量减

---

① 鲍德威(Robin W. Boadway)、威迪逊(David E. Wildasin).公共部门经济学(中文版)[M].北京:中国人民大学出版社,2000.

少对经济的干涉，可"天赋自由制度"依然需要政府（君主），并对公共安全、设施及工程的供给方式进行了深入讨论。斯密认为，在"天赋自由制度"的基本框架之下，提供整个社会的必需服务便是政府之所以存在的缘由，譬如国防、司法公正等，上述所谓的服务即现代公共经济学里的公共产品。在斯密不再批判重商主义时，他提出一旦撤除政府控制，"一套明确、简单的天赋自由制度会自动建立"[1]，也便"免除了君主对私人企业进行管理的职责"。但是在斯密看来，"天赋自由制度"依然需要政府（君主），要由政府（君主）来履行以下三种"非常重要，但一般人明白易懂"的基本职责：首先，保障社会免受其他国家侵略；其次，保障所有社会成员的基本权利免受他人侵犯；最后，建立某种制度及提供公共设施。他在阐明上述三项基本职责以后，进一步探讨了每项职责的具体内容。

斯密指出，虽然公共机构与公共产品十分有益于整个社会，然而对个人或少数人来讲，却拥有支出大于收益的性质。所以，指望个人或少数人构建公共机构，建设公共工程，并提供公共机构及工程的建设资金是不现实的。① 这里暗藏着一项基本假设，就是在客观（非意识形态）原因之下，公共机构必须承担某些行为的费用。

对于公共产品的提供方式，斯密认为，公共设施和公共工程的类型不同，其提供的方式也不同。尽管安全、司法和其他公共设施等均属于公共产品，但它们的供给方式却有所差异。拿安全和司法来讲，必须由政府供应。和安全与司法不一样的是，其他公共设施或者工程，在不同国家、不同时期，它们的供给方式也不尽相同。"一国商业的发达，全赖有良好的道路、桥梁、运河、

① 亚当·斯密. 国民财富的性质和原因的研究（中文版）[M]. 北京：商务印书馆，1996.

港湾等公共工程。这类工程的建造和维持费用，显然，在社会不同发达时期极不相同。"尽管绝大部分人认为，这些设施或工程通常由政府依靠课税等手段筹集资金，并无偿提供，其实它们也可以采取别的方式来供给。对有益于一般商业的公共工程来讲，就可以由政府以外的其他个人或组织提供费用。譬如，公路、桥梁、运河的修建资金及维护资金，均可利用通行费来替代政府开支。①在斯密看来，如果完全没有政府的参与，公共产品及设施很难得到有效供应，但必须对政府的权力加以限制，所有能够由私人提供的公共产品，就应当私人提供，这种做法通常比由政府提供效率更高。

萨伊有明确的公共财政观，虽然没有将自己的财政思想和财政理论形成专著，但是在其《政治经济学概论》一书中对公共产品的供给问题进行了一定程度的论述。萨伊对政府间如何分担提供公共产品时所需费用进行了深入探讨，他指出有的公共产品，譬如国防、司法等所需的费用应该由中央政府提供，因为"国家每一个人和每一个阶级，都受到中央行政机构或者中央政府的利益，都受到国家军事机构所提供的保卫利益……堡垒、军械厂和外交使节的费用，也应当由全国负担……司法行政经费也应当列为全国费用项目"。除此之外的其他公共产品则应该由地方政府承担。"地方行政与地方公用机关、教育机关、慈善机构或娱乐场所，似乎专给他们所在地带来利益，所以他们的费用，应归当地人民负担。"另外，在萨伊看来，私人也可以提供某些公共消费品。"在极少数场合下，有部分消费品，由私人供应。"②

与斯密一样，约翰·斯图亚特·穆勒认为，"自由放任应当是一种普遍的行为。除非是为了某些重大利益，否则，任何违背自

---

① 亚当·斯密.国民财富的性质和原因的研究（下卷）[M].北京：商务印书馆，1996.

② 萨伊.政治经济学概论（中文版）[M].北京：商务印书馆，1963.

由放任主义的行为都是罪恶"。但是穆勒还指出在部分十分重要的
情况下，则应当放弃固守自由放任主义。他将上述情形划分成两
种，即"一般性职责"与"选择性职责"。一般性职责包含保护居
民生命、人身及财产安全的相关法律法规，还有国家安全，这也
是自由放任制度的首要条件。他认为，"在很多情况下，政府还可
以在经公众同意的条件下，行使权力来执行某些职责。之所以如
此，仅仅是因为这有助于给公众提供便利"。譬如铸造货币、制定
标准、修建道路及照明设施、建造海港、堤坝及灯塔等。在穆勒
看来，这里所说的职责应该包含更多内容，它们只是被"只有在
很合适的时候才允许进行政府干预"，"除非政府干预能带来很大
的便利，否则便决不允许政府进行干预"① 这一规则所制约。他认
为："公共服务的提供是重要的，但却没有任何个人对之感兴趣，
因为这些服务的提供并不必然能够自动地获得适当的报酬。"所
以，这类服务必须由政府提供。例如探险性远航，这类活动通常
会形成较大的公共利益，然而"个人不具备任何手段去截留那些
利益以阻止其流向他人，也难以收取费用以补偿其发起人"。因
此，往往主要由政府来进行诸如此类的活动，政府把这些工作托
付给能力较强的人去做，并由政府承担相关费用。值得注意的是，
他还单独强调了下面的情形，即"个人行为，尽管原本只是以他
们自己的利益为目的，但是引起的后果却有可能逾越他们的利益
范围，涉及国家或子孙后代的利益"。② 开拓殖民地乃是一个恰当
例子。尽管穆勒并没有准确论述出对公共产品市场供给的相关思
考，但他的阐述已然蕴含了公共产品市场供给这一思想。

约翰·利奇（John Leach）在对萨缪尔森（Samuelson）提出

---

① 约翰·穆勒. 政治经济学原理及其在社会哲学上的若干应用（中文版）[M].
北京：商务印书馆，1991.

② Mill, J. S. Principles of Political Eeonomy. Newed by w. J. Ashley, London:
Longman's Green & Co., 1921: 970, 975.

的纯公共产品的定义进行了一番研究之后，提出依靠私人部门来供应有效数量的公共产品是不现实的。他把私人部门不能有效供应公共产品的缘由归结为"搭便车行为"引起的提供公共产品融资困难。在他看来，萨缪尔森把纯公共产品界定为既有非竞争性又有非排他性特征的产品，那么由私人供应纯公共产品显然是无效率的，原因是人们完全可以"搭便车"，即使用该物品而不用为其支付费用，因此必须由政府供给公共产品。① 公共产品供给不足的趋势暗示了政府作为公共产品的提供者的角色，这也确实是政府已经投入的角色。政府供应大范围的纯公共产品以及某些拥挤性公共产品，例如道路、桥梁、消防、警察、公园、娱乐设施、国防、为数不多的灯塔。但是，在他看来，公共产品的提供者并非只有政府。比如道路、桥梁，此类拥有排他性和一定程度的非竞争性的公共设施或项目，在某些情形下私人厂商可以利用通行费补偿其投入资金进行供应。

哈维·S. 罗森（Harvey S. Rosen）指出，公共产品的分类并非绝对的，而是依赖于市场与技术条件。但对于公共产品的供给，即使消费是排他性的，市场对公共产品的提供仍然可能是无效率的，需要由政府进行供给。公共产品只要存在，"每个人都想通过某种方式来攫取私利，而这种方式在私人品自主竞争的定价机制下是不可能的"（萨缪尔森，1995 年，第 389 页）。所以，市场可能无法在相对理想的数量水平下供应公共产品。在他看来，随着社会的不断发展，公共提供和私人提供的比例关系已经发生了很大的变化。较现在而言，19 世纪私人部门在教育、警察保安、图书馆和其他机构担负着更大的责任。不过，现在又出现了一股重新由私人部门提供那些我们认为应由公共部门提供的产品和服务

---

① 约翰·利奇（John Leach）. 公共经济学教程（中文版）[M]. 上海：上海财经大学出版社，2005.

的趋势。拿下面的例子来讲，在某些社区，个体房屋业主同私人公司签署合约从而预防火灾。在某些地区，例如塔科马、巴尔的摩、费城等，部分公司由私人公司提供安保等相关服务。正是由于偏好具有多样性特征，致使私人部门供应某些产品的效率会更高，原因是人们能够依据自身偏好来选择适宜的消费数量。像里根总统说的一样："这种策略可以保证生产那些消费者需要的服务，而不是生产政府官僚选择的服务。"（《总统经济报告》，1986年，第9页）因此，我们一定要权衡多样性产生的利益与其导致的管理费用的增多。①

科斯定理指出，在提供公共产品的范畴内，一旦对其提供范围加以界定，给予提供方合法、完整、有效的产权。而且保障其能够获取利益，就可以由私人企业进行公共产品的提供，值得注意的是，这是建立在政府依靠法律明晰其产权，且施行适当支持和激励政策措施的前提之下的。在《经济学的灯塔》中，科斯基于产权视角，利用灯塔这一典型事例阐述了公共产品市场提供的合理性，经过分析他指出，某些通常被看作一定要由政府供给的公共产品的确可以由私人部门进行供给。②他举出的这个例子导致公共产品的"市场失灵"论显得并不合理。科斯是首位依靠具体事例对以往学者们广泛同意的政府垄断提供主张给予反驳的学者。

德姆塞茨（Demsetz，1970）认为，假定不付费者可以被排除在外，私人企业可以对公共产品进行有效供给。由于微观经济理论比如实验经济学、博弈论以及组织理论等的发展，学者们逐渐认识到对于许多公共产品的提供，均可以脱离政府的强制性措施，

---

①　哈维·S. 罗森（Harvey S. Rosen）. 财政学（中文版）[M]. 北京：中国人民大学出版社，2003.

②　Coase, R. The lighthouse in economics. Journal of Law and Economics, 1974：357—376.

也就是说私人或者私人之间的约定也能够对公共产品进行有效供给。①

著名学者布坎南指出，尽管不可否认存在纯粹的公共产品，但在实际生活中，介于纯粹的公共产品与私人产品之间的产品，也称之为俱乐部产品却更为常见，此类产品要么拥有一定程度的非竞争性，要么拥有一定程度的非排他性，要么既有非竞争性又有非排他性，正是由于俱乐部产品的这些基本特征，使得市场能够对其进行有效的供给。②

（三）公共产品自愿供给

安东尼·B. 阿特金森和约瑟夫·E. 斯蒂格里茨指出，某些产品不仅能够公共配置而且能够私人配置（即这些产品不但能够免费提供，还能够利用私人市场进行配置）；另外，在某种情形下，私人产品（如保安机构）可以有效地替代公共产品（警察）。所以，社会需要的服务不但能够由公共部门提供，还能够由私人部门提供，但究竟什么物品需要公共提供是一个有必要思考的问题。

在安东尼·B. 阿特金森与约瑟夫·E. 斯蒂格里茨看来，即便不存在政府，私人也会给予公共产品赞助；不可否认，在存在普遍公共供给的现实社会中，依然存在着许多给予医疗、教育及研究等的个人捐助。上述捐助存在着许多动机，我们在大部分研究中运用的个人效用函数或许不能准确的归纳这些动机。③

----

① H. Demsetz, "The Private Production of Public Goods", Journal of Law and Economics, 1970: 293—306.

② Buchanan J. M. An Economic theory of Clubs, Economics, 1965.

③ 安东尼·B. 阿特金森，约瑟夫·E. 斯蒂格里茨. 公共经济学（中文版）[M]. 上海：上海三联书店出版，1992：643—648.

1974 年，伯顿·韦斯布罗德提出了市场失灵/政府失灵论①，他指出第三部门是供应公共产品的私人组织。市场失灵论指出，因为公共产品拥有不可分割性及排他性，所以为公共产品付费的人没有办法阻止其他人享用公共产品；由于"免费搭车"的存在，情愿付费购买公共产品的人一定很少，从而就会致使公共产品缺乏供给。由此看来，公共产品并不能利用市场机制进行有效供给。另外，外部性较强的产品、具有自然垄断可能的产品以及依收入分配视角考虑不应当由市场决定的产品（如住房），同样不能利用市场机制进行供给。市场失灵说明政府干预的必要。然而因为人们对公共产品需求具有差异性，政府对公共产品的供应通常偏向适应大部分位于中间状态的受众的需求偏好一面，而一部分人对公共产品的超量需求和特殊需求得不到满足。在该情形之下，拥有拾遗补阙功能的第三部门水到渠成地产生了，这些部门能够供应额外的补充给那些对公共产品具有额外需求的人，为具有特殊需求的人供应有效的公共产品。但是这一理论仅仅论述了政府和"第三部门"之间的互补关系，却无法解释导致某些产品或服务一定要由"第三部门"供给的具体原因。

20 世纪 80 年代初，亨利·汉斯曼在《耶鲁法学评论》上发表《非营利企业的作用》一文，他认为在某些领域中，消费者通常没有充足的信息对服务的质量进行评估，或者是因为购买者并非服务的最终消费者，或者是由于服务本身过于复杂或信息不对称，消费者很难对其进行评估。汉斯指出，营利性企业通常会凭借其在信息掌握上的优势以次充好、以少充多，寻求利润最大化，在该情形之下，一般的契约机制往往不能协助消费者监督生产者的行为。契约失灵论阐明的是经济学中的委托—代理问题：由于委

---

① 王绍光. 多元与统一第三部门国际比较研究 [M]. 杭州：浙江人民出版社，1999.

托人不能对代理人的行为随时进行监督，所以一定要探寻一种能够减少监督成本的制度安排，恰恰非营利机构的不得分配利润这一原则使得它十分符合这样的要求，对处理好委托代理关系非常有利。这也就是公共产品供给的契约（合约）失灵论。①

20 世纪 70 年代，新制度经济学不断发展，罗斯完整地提出了委托—代理理论。70 年代中期至 80 年代中期，著名学者米尔利斯及斯蒂格里茨等对该理论进行了深化，并且逐渐将它模型化。该假设及分析框架得到了广泛使用，特别是论述在所有权—控制权二者相互分离及利益分割的情况下，委托人与代理人的关系模式和行为动机与规则等问题。它是指代理人是否能够在遵循契约约定的权限以及委托人意愿的条件下代替委托人进行活动。在该理论的基本思想之下，政府和第三部门之间应当建立委托—代理关系，也就是说政府为达到目的而把供应公共服务这一行为委托给非政府组织进行，政府和第三部门之间实现一种依赖各自比较优势的分工，政府承担费用的投入，而第三部门承担服务供应，它们之间进行的合作能够令双方优势均得到充分地发挥。这一措施可以提高效率，节约成本，政府可以利用已有的机构，节约建立新的组织架构和雇用雇员的成本。另外，该合作模式能够更加灵活地满足服务目标及服务受众的种种需求，还可以避免官僚系统的各种弊病。

20 世纪 80 年代以来，很多学者把公共产品的私人提供当作研究对象，进行了大量的探讨和研究，具有代表性的学者有沃尔（1982）、伯内姆（1984）、伯格斯托姆（1986）、比罗迪乌和斯利文斯基（1997）等。在他们看来，有些公共产品的供给是由私人自愿进行的，比如慈善事业、各种形式的政治活动的开展等，就

---

① Henry Hansmann. The Role of Nonprofit Enterprise，Yale Law Journal，1980：835—901. 转引自：王绍光. 多元与统一——第三部门国际比较研究 [M]. 杭州：浙江人民出版社，1999.

是由私人赞助进行的。又如以家庭为单位的各种经济行为，就是私人自愿赞助的结果。①

休·史卓顿和莱昂内尔·奥查德指出，某些服务，假如有公共的或慈善的而非寻求利益的组织者，志愿者就会将这些服务供应给需要的人。假如它们不能获得公共的地位及补助金，那么只会有少数的为老弱病残送餐上门之类的福利性服务，另外，它们会导致纳税者付出更大的资金代价。例如直接支付家庭服务工资，或间接地由于需要某些家庭服务而将人送进医院。② 莱斯特·萨拉蒙指出第三部门兴起的根源是来自个人、政府以外的其他组织和政府的一系列压力：反映了一系列独特的社会和技术变化，以及经过长期酝酿的对国家能力的信心危机。③

莱斯特·萨拉蒙、赫尔穆特·安海尔对占支配地位的"市场失效/政府失效"理论以及有关非营利性部门和国家之间必然存在内在冲突的保守思想等提出疑问，指出全世界范围内对国家机构凭借自身的力量推动发展、供应社会福利及保护生态环境的能力信心的丧失，极有可能是出现公共产品自愿提供出现的关键因素之一。④

James经过实证分析指出，荷兰及比利时的文化更具有多样性特征，因此在这种社会多样化需求的情况之下，产生了规模较大的第三部门。⑤

保罗·斯特里滕指出，公众对政府丧失了信心，并且不想把

① 张馨，杨志勇. 当代财政与财政学主流 [M]. 大连：东北财经大学出版社，2000.

② 休·史卓顿（Hugh Stretton），莱昂内尔·奥查德（Lionel Orchard）. 公共物品、公共企业和公共选择（中文版）[M]. 北京：经济科学出版社，2000.

③ Lester Salmon, "The Rise of the Non-Profit Sector", Foreign Affairs, 1994, 73 (4): 34.

④ Salmon, Lester M. and Helmut K. Anheier, The Emerging Nonprofit Sector-An Overview, Manchester: Manchester University Press, 1996.

⑤ James, Estelle, The nonprofit sector: a research handbook, Yale University Press, 1987.

一切活动全部交由私人的营利性企业进行，希望政府及市场的失效能够为非政府组织的成功提供机会。①

在这一阶段，对于公共产品供给存在三个主体的认识进一步深化，特别是在公共产品政府供给和市场供给理论已经日渐成熟的基础上，这一阶段侧重于对公共产品自愿供给的认识和分析。对公共产品自愿提供的认识可以分为以下两个阶段。第一个阶段是对公共产品自愿供给现象的认识，如安东尼·B. 阿特金森与约瑟夫·E. 斯蒂格里茨提到的私人对卫生、教育及研究等的赞助，休·史卓顿（Hugh Stretton）、莱昂内尔·奥查德（Lionel Orchard）提到的公共服务由志愿者供应等状况，这些经济学家认识到的仅仅是公共产品自愿供给的现象，并没有对为什么会出现公共产品的自愿供给、自愿供给的效果等作进一步的理论探究。第二阶段是对从公共产品自愿供给的现象入手，对其做进一步的理论探究，寻找公共产品自愿供给的原因和条件等，比如伯顿·韦斯布罗德提出的市场失灵/政府失灵论、亨利·汉斯曼提出的契约失灵论、罗斯、米尔利斯和斯蒂格里茨尝试利用委托—代理理论对公共产品的自愿提供进行理论分析等。

三、公共产品供给主体选择理论

（一）公共产品供给主体选择的影响因素

1. 公共产品政府供给的影响因素

穆勒在政府可以干预市场问题上给出了以下几个标准：①个人没有正确判断事物利益的能力时，要求政府干预。诸如儿童被要求接受初等教育。②个人没有远见，但或许会签订不可废除的契约时，政府应当进行干预。③利益不同的工人跟经理人员谈判

---

① 保罗·斯特里膝. 非政府组织和发展 [A]. 何增科. 公民社会与第三部门[C]. 北京：社会科学文献出版社，2000.

时，政府需要对其进行适当的调节。政府对股份公司，尤其是垄断公司的活动，也应加以调控①。这样，穆勒就以确保个人的自由和私利为基点，为其政府干预的"便利"标准作了较为详细的说明。

庇古在对税制规范性原则的研究中，探讨了公共产品与私人产品之间资源的最优配置问题，指出，政府在提供公共工程时要坚守"最后一笔钱所得到的边际社会正效用恰好等于为支付这最后一笔钱的公共工程的生产所必需缴纳的赋税的社会边际负效用"② 这一原则。

安东尼·B. 阿特金森、约瑟夫·E. 斯蒂格里茨试图阐明可以由公共供应的物品的某些特征。在确定这些物品是否可以通过公共供应时，各种因素可能具有不同的重要性。

2. 公共产品市场供给的影响因素

萨缪尔森模型的扩展着重非极端情形。比如利益溢出和拥挤问题（Oakland，1971，1972），以及私人部门提供公共产品的可行条件（Demsetz，1970）。③

3. 公共产品自愿供给的影响因素

约翰·利奇（John Leach）指出，厂商的开办是建立在预期可能带来的收入足够高以至于可以弥补自身生产的变动成本以及原始资本投入额的基础之上的。在这个"游戏规则"下，私人厂商将绝不会提供纯公共产品。由于不可能限制或阻止人们使用公共产品，因此，人们不可能因为使用公共产品而被收费。一个为公共产品提供通道的厂商将不能获得任何收入，因此将不能弥补其最初的资本支出额或者其变动成本。但是，还有另外的某些"规

---

① 张馨. 公共财政论纲［M］. 北京：经济科学出版社，1999.
② 庇古. 福利经济学（中文版上册）［M］. 北京：商务印书馆，1983.
③ 安东尼·B. 阿特金森，约瑟夫·E. 斯蒂格里茨. 公共经济学（中文版）［M］. 上海：上海三联书店，1992：624.

则",致使厂商愿意对公共产品进行供应。譬如,如果厂商为供应某种公共产品而征求资金赞助,然后将筹备的资金用于提供公共产品上面。公共产品的大小由筹集到的资金数量决定。这些"规则"构成了公共产品提供的自愿捐款模型。一部分公共产品可以利用自愿捐赠来供应,然而该部分的数量并非最优的,也就是说公共产品的提供无法满足萨缪尔森的条件。[①]

Bifarello 在对阿根廷第三部门进行研究之后指出,政府对第三部门提供的人力和资金扶助是第三部门之所以能够不断发展的一个重要因素。[②]

韦斯布罗德等 (Weisbrod and Dominguez) 指出,非营利组织供应公共产品的捐赠规模的大小会受到价格因素的影响。二人把公共产品的价格水平界定成: $P = \dfrac{1-T}{1-(A+F)}$,其中 T 指捐赠者的边际所得税率,A 指管理费用所占比例,F 指资金筹集费用所占比例。可以看出,假设 A 与 F 固定不变,那么 T 越低,公共产品价格水平越高,社会捐赠则越少,反之则反。如 T 是既定的,则 (A+F) 越小,价格越低,社会捐赠则越多,反之则反。税率、资金筹集及管理费用的高低将对社会捐赠造成影响,进而对公共产品自愿供给产生影响。[③]

(二) 公共产品供给主体选择的标准

1. 效率标准

亚当·斯密将效率作为标准进行研究,从而对提供公共产品

---

① 约翰·利奇 (John Leach). 公共经济学教程 (中文版) [M]. 上海:上海财经大学出版社,2005.

② Bifarello, Monica. "Public-Third Sector Partnerships: A major innovation in Argentinean social policy" 4th ISTR Conference, Dublin, 2000 (7): 5—8.

③ Weisbrod, B. A. and Dominguez, N. D. "Demand for Collective Goods in Private Nonprofit Market: Can Fundraising Expenditures Help Overcome Free-riding Behavior?" Journal of Public Economics, 1986: 83—95.

的主体做出选择，他指出，如果私人提供的效率相对较高就应当由市场进行提供，比如公共设施、公路和桥梁等。在斯密看来，许多公共设施，本身就是为商业服务的，因此也应该根据商业利益的高低配套提供。这些公共产品提供的效率受其自身利用率的决定性影响，即建造在对其有需求的人越多的地方，效率就越高。因此，其效率取决于对其使用情况的预测。在利用率判断这个问题上，私人通常比政府做得要好，进而保证这些公共设施提供的效率。相反，如果由政府来供给，就可能与实际的需要不相符合，或者发生浪费，甚至可能为了某些官员的个人偏好而置公共利益于不顾。"公路、桥梁、运河等，如由利用它们的商业来建造和维持，那么，这种工程就只能在商业需要它们的地方兴建，因而只能在宜于兴建的地方兴建。"另外，斯密举出欧洲某些地区的运河或水闸由私人提供且运行良好的例子，用来阐明私人可以提供公共设施，并且这些公共设施运行良好。"欧洲许多地方的运河通行税或水闸税，是个人的私有财产，这些人为保持这利益，自会竭力维护这运河……如果运河的通行税，交给那些利不干己的委员们征收，他们对于产生这通行税的工程的维持，一定不会像个人那样注意。"①

潘塔莱奥尼 1883 年运用杰文斯的分析方法，研究了政府费用在各种可能的用途方面所应遵循的标准问题，认为合乎逻辑的标准，应是"公共支出中各种不同项目的边际效用的比较程度"。政府在必须按照各项支出的边际效用相等这一准则进行编制预算。"支出无论最后是怎样分配的……它永远都必须是这样的，即政府预算安排应遵循每项支出的边际效用相等的准则。在既定的同一总量下，每一单项支出的边际效用，都等于其他任何一项支出的

---

① 亚当·斯密. 国民财富的性质和原因的研究（中文版下卷）[M]. 北京：商务印书馆，1996：286—287.

边际效用。"①

新旧历史学派的沙夫勒于 1876 年针对财政配置资源的问题,提出了关于公共需要与私人需要应等比例予以满足的标准,指出"财政学的最高原则即国家需要必须与非国家需要保持均衡充足,使其在国民经济上均衡充足"。② 这种看法,与公共产品论关于政府应使社会资源按帕累托效率原则,在公共产品与个人产品之间进行配置的观点是一致的。

凯夫斯(Caves)及克里斯坦森(Christensen)运用计量经济方法对加拿大的公有与私人铁路经营成本进行了详细分析,结果表明:"人们常常提起的政府企业的低效率源于缺乏竞争,而非公有本身。"③ 所以,政府在考虑是不是把一些服务私有化的时候,存在一个重要问题,即假如由私人对这些服务进行供应,市场结构将会怎样变化。

2. 帕累托效率标准

鲍德威和威迪逊指出,学者们尝试利用种种方法将帕累托原则的应用引入到公共产品供应领域中,从而避免进行个人之间的福利比较。一种办法是由一个潜在帕累托改进的出现与否来评价一种经济的变动,而不是依据其是不是实现了一个现实的帕累托改进。这里所说的潜在帕累托改进其实就是经济变动中的受益者尽管提供补偿给受损者,但依然能够令自己的状况变好。假设受益者提供了实质性补偿给受损者,结果二者的状况都得到了改善,这种经济变动其实就是一种潜在帕累托改进。经济效率这一概念其实就是因帕累托原则而产生的。有效率的资源配置被定义为帕

① Musgrve, R. A., &Peacock, A. T.: Classics in the Theory of Public Finance, London: Macmillan &. Co. ltd., 2nd, 1962: 18.

② 坂入长太郎. 欧美财政思想史 [M]. 北京: 中国财政经济出版社, 1987.

③ Caves, D. W., L. R., Christensen, The relative Efficiency of Public and Private Firms in a Competitive Environment: The case of Canadian Railroads, Journal of Political Economy, 1980.

累托最优：即使自己的处境改善而同时不使另一人的处境变糟是不可能的。必须接受的前提是，不管一美元的获益发生在谁身上，它带来的效用对整个社会来说是一样的。

3. 萨缪尔森条件

萨缪尔森首先做出以下几个假设：最终消费品只包括一个纯私人产品及一个纯公共产品；生产可能性曲线已知；只有两个消费者。在这些假设下，若收入水平是既定的，当 $MRT = MRS_A + MRS_B$，也就是公共产品及私人产品的生产转换率跟消费者 A 与消费者 B 对于这两种商品的边际替代率之和相等的情况下，就实现了最优配置。撤销掉收入已定、对消费者和商品的限定条件，当 $\sum_{i=1}^{n} MRS_i^{JK} = MRT^{JK}$，其中 i＝1···n（消费者个人的数量），j，k＝1···m（商品的数量）时，即所有消费边际替代率的总和等于生产的边际转换率，达到商品供应的最优条件。

4. 其他理论标准

萨瓦斯认为，根据新制度经济学的观点，并不存在固定的公共产品的最优模式，而应该根据产品特性和约束条件的变化选择一定条件下的具体产品的最优供给模式。萨瓦斯建立了 11 项标准用于某个具体模式的评价，包括服务的具体性、生产者的可得性、效率和效益、服务规模、成本收益的关联度、对消费者的回应性、对欺骗行为的免疫力、经济公平、种族公平、对政府指导的回应性、政府规模。[①]

5. 已有公共产品主体选择标准理论的质疑

公共投资的最优模式必须是使公共部门和私人部门的收益率相等的那一种，这个概念在《公共投资、收益率和最佳财政政策》

① E.S. 萨瓦斯．民营化与公私部门的伙伴关系 ［M］．北京：中国人民大学出版社，2002.

（Public investment，the rate of return，and Optimal Fiscal Policy 1970 年）一书中被肯尼思·阿罗和摩迪凯·库茨所抛弃。阿罗和库茨的核心观点也是一个规范的论证："投资与现在和将来的报酬率之间的关系是复杂的……投资的最佳水平，除了正常的增长外，不是取决于利息率，而是最终取决于它未来的变动"，其结果将随公共投资的融资方式而不同，不论在理论上还是在实践上，市场报酬率都不能无分地为公共经济活动的最佳水平提供明确指示："对公共部门投资决策的指导需要专门的判断标准"。[①]

森在《帕累托自由主义者的不可能》（The Impossibility of Paretian Liberal，1970 年）这篇文章中认为，因为帕累托最优有可能是内在矛盾的或悖理的，所以他们不能检验其声称能检验的东西。[②]

四、农村公共品的供给模式

农村公共品的供给模式直接决定了其供给规模和供给效率。农村公共品的供给通常有两种具体模式：一种模式是"谁获益，谁支付（Beneficiaries Pay principle，BPP）"，另一种模式是"谁提供，谁获取（Provider Gets Principle，PGP）"。

鲍恩（Brown，1994）[③] 站在公共财政的视角指出，对于农村公共品的供给，BPP 更为适合。原因有三个，其一，从农村公共品供给中获利的群众应该按照边界价值向提供者进行支付；其二，提供者为农村公共品的供给所失去的机会成本可以通过支付的金额得到补偿；其三，支付的边际意愿（需求）与机会成本（供给）的交点可以提高农村公共品的供给效率。

---

① 休·史卓顿，莱昂内尔·奥查德. 公共物品、公共企业和公共选择——对政府功能的批评与反批评的理论纷争（中文版）[M]. 北京：经济科学出版社，2000.

② Sen，Amartya，The Impossibility of Paretian Liberal，Journal of Political Economy，78（1970）：152—157.

③ Brown，G. "Rural Amenities and the Beneficiaries Pay Principle"，In The Contribution of Amenities to Rural Development. Paris：OECD，1994.

然而，汉利（Hanley，1998）[①] 等学者在对 BPP 与 PGP 两种模式做出比较之后认为，由于在 BPP 的施行中，尤其是排除免费受益人时的物质、文化及法律存在一定的困难，所以农村公共品如果一律根据 BPP 原则做出决定，供给规模则会变得很小。然而 PGP 模式的优点是收益人是否确定对供给规模的作用很小，比较重要的是供给者、向供给者转移资金的方式、确保资金对公共产品的提供者予以融资和确定供给的合理水平；但 PGP 模式也存在缺陷，那就是很难评估农村公共产品的边际收益，这将导致供给效率低下。

布洛克来格（Blochliger，1994）[②] 认为，若站在农村公共品的供应、而不是站在需求视角下进行选择，就会更偏向 PGP 模式，原因是该模式会对政府选择农村公共品供应规模的"合理"水平产生影响，而且根据供给的边际成本分配给提供者相应的公共资金。

五、农村公共产品的供给制度和机制

（一）供给制度

就当下来讲，在大部分学者看来，公共产品的供给制度会直接影响其供给效率。但目前国外在这方面的研究文献十分少见。巴泽尔（Y. Barzel，1997）就产权对公共产品供给效率的作用问题进行了研究。巴泽尔认为，人们根据效用或偏好做出的成本和收益比较直接决定了公共产品的供给效率，凭借组织令公共产品效率提高是处理公共产品供给效率问题的基本途径[③]。

---

① Hanley, et al. "Principles for the Provision of Public Goods from Agriculture: Modeling Moorland Conservation in Scotland", Land Economics, 1998, 74（1）: 102—113.

② Blochliger H. J. "Main Results of the Study", in The Contribution of Amenities to Rural Development. Paris: OECD, 1994.

③ Y. 巴泽尔. 产权的经济分析 [M]. 上海: 上海三联书店，1997.

（二）筹资机制

梅基（Maki，1974）认为，当地公共政策的决策者在安排项目计划、项目融资和公共产品生产等方面的不同方式，会影响农村公共产品的供给效率[1]。伯恩斯坦和陆（Bernstein and Lu，2000）认为，生活在农村的大多数农民通过支付大量税费来获得乡镇供给的基本农村公共基础设施，而乡镇政府从上一级政府那里获取的金融重新分配和转移与农村税费相比却很少，这种筹资机制对当地农村公共产品的供给效率影响较大[2]。

（三）决策机制

Olson（1965）对集体行动中决策形式对公共产品供给效率的作用进行了分析，指出在满足多数人意愿时，其实就是在剥夺少数人的权利，导致少数人的效率十分低下[3]。艾德（Aidt，2002）等人揭示了决策权力的扩散与公共产品供给支出的增长和公共产品供给效率的密切关系[4]。

六、农村公共产品的供给效率

市场效率一直以来都是西方市场经济理论体系最核心的问题始终是西方公共产品理论的分析的起点。美国著名学者哈维罗森指出："公共产品可以由私人提供，私人产品可以由公共提供，公共提供和私人提供的选择取决于相对的工资和材料成本和行政管

---

[1]　Maki. Provision of Public Goods in a Large Economy. Economics Letters，1998，(61)：229—234.

[2]　Bernstein. Taxation without Representation：Peasants，the Central and the Local States in Reform China. China Quarterly. 2000（163）：742—763.

[3]　Olson. M. The Logic of Collective Action. Cambridge：Harvard University Press Ltd，1965.

[4]　Aidt，Dutta and Loukoianova. Democracy Comes to Europe：Franchise Extension and Fiscal Outcomes 1830—1939. Working Paper. University of Cambridge，2002.

理费用，对产品的偏好差异与分配问题"，[1] 即使他在公共和私人提供的决定要素中提到了产品的偏好差异和分配问题，然而在西方公共产品理论中对效率最优性的强调却更为常见。公共产品的非竞争性特征显示人们在这些产品上存在的普遍需求，然而非排他性则显示了由于收费的实现并非易事，市场提供不能实现配置最优化，所以只能利用政府机制来对公共产品供给问题进行有效处理。因此给予了政府干预市场的合理性，在纯私人产品提供上，市场能够提供一个最有效率、最优的供给方式；纯公共产品则由政府供给；介于纯公共产品与纯私人产品之间的混合公共产品也被叫作"准公共产品"，拥有一定程度的非竞争性和一定程度的排他性，著名学者布坎南将具有排他性，但具有非竞争性的混合产品称之为俱乐部产品，混合性公共产品的供给上，促使政府和市场有机地结合，西方公共产品理论侧重以效率为基础来划分市场和政府的行为，社会公平问题也只作为一个辅助的标准而非核心问题，且以政府的高效必定成功与市场主体经济能力强劲为假设前提。

有学者认为混合公共产品的供给和生产环节能够独立进行，公共产品的供给和生产是两回事，供给指的是由谁提供资金，而生产则指的是由谁制造或建造。西方公共产品理论认为，谁生产公共产品取决于谁更有具有效率，即使公共产品在政府提供的情况下，在产品的生产领域，私人生产还是政府生产，取决于谁的生产效率更高，谁的成本更低，不是在于谁提供而是取决于市场环境。

公共产品层级理论。外溢理论被西方公共产品研究学者进一步延伸形成了公共产品层级理论，即按照公共产品收益范围确定公共产品提供的联办或地区责任，以实现公共产品的最优效率的供给。对各级财政划分事权是根据谁提供公共产品更有利于提高

---

[1] 哈维·罗森. 财政学[M]. 北京：中国人民大学出版社，2000.

效率这一原则进行的。

（一）农村公共产品的供给水平

20 世纪七八十年代，西方学者的研究成果反映了一个客观现实，即在这一时期，发达国家也同样面临着农村公共品供给数量短缺的问题。在文章《满足农村地区未实现的公共服务需求》中，汤普森（Thompson，1963）认为，由于流动人口不断增多、农村数量不断减少、农村交通及通信设施不断改善、地方税基不断减少等因素，即使农村政府与当地政治力量均在不断调节，但美国农村地区对公共产品的需求依然在不断增大，公共产品的供应已经满足不了这些需求了。与此同时，农村公共产品的供给规模的适度性需要通过比较得出结论，即农村公共品供给不能予以实现的方式至少可以体现为以下三个方面：第一，在其他地区公共产品的质量和数量均得到提高的同时，农村地区的公共产品水平仍然保持不变；第二，即使农村地区的公共产品供给水平有所提高，但仍然滞后于城市地区；第三，在其他地区公共产品提高、不变或者稍有下降时，农村地区的公共产品供给水平下降更快。在这个标准下，他指出公共教育、公共福利项目等公共产品的供应量的确在不断减少①。

在文章《农村公共产品：问题、政策和人口》中，巴克利（Barkley，1974）认为，因为农村地区对某些重要公共产品的供应相对困难，居住在农村的居民和希望到农村居住的城市居民对农村公共产品的需求提高，收入的增加提高了对公共产品消费的需求等原因造成了农村公共产品供给短缺的现象。他指出，农村公共产品的供应主要有两方面问题，即公平与效率。由于现有的知识不足以确认要素投入是如何转化成为公共产品的，而公共产品

---

① Thompson, John. Meeting Unfilled Public Service Needs in Rural Areas. Journal of Farm Economics, 1963, 45 (5): 1140—1147.

自身又如何转化成为个人满意程度的，因此，农村公共产品供给需要政府的指导[①]。

在文章《公共服务提供的增长特性：农村地区的含义》中，约翰斯与默多克（Johns and Murdock，1978）指出，农村公共产品供给不足的原因是人口低密度、乡村领导低效率和意识较晚等[②]。黑迪、怀廷（Heady and Whiting，1974）[③]和特威腾、多克森（Tweeten and Doecksen，1974）[④]指出，基于收入机会、就业水平和福利条件等限制条件，大多数农村社会都面临无法平等获得充足农村公共品的问题。

奇克茵（Chicoine，1989）举出美国中西部具有较小客货流量的农村公路的具体事例，提出或者由于税基的下降或者从联邦政府或者州政府获得资金的减少使得美国农村公共产品特别是公共基础设施供给陷入困境[⑤]。

20 世纪 90 年代以来，发展中国家的农村公共产品供给水平逐渐受到学者们的广泛关注。学者洛佩斯（López，2005）指出，农村公共产品投资力度小，以及供给数量不足是导致农村发展缓慢、政府在处理农村贫困方面始终措施不力的重要原因。[⑥]

---

① Barkley. Public Goods in Rural Areas: Problems, Policies and Population. American Journal of Agricultural Economics，1974，60（5），December：1135—1142.

② Jones，Lonnie L. and Steve H. Murdock. The Incremental Nature of Public Service Delivery: Implications for Rural Areas. American Journal of Agricultural Economies，1978，60（5）：955—960.

③ Heady，Earl O. and Larry R. Whiting，Rural Development Problems and Potentials，Journal of Soil and Water Conservation，1974，19，pp. 4—7.

④ Tweeten，Luther S. and Gerald A. Doecksen，Equity and Efficiency in Rural Development Programs，Journal of Soil and Water Conservation，1974，19，pp. 8—13.

⑤ Chicoine，The Size Efficiency of Rural Governments: The Case of Low-Volume Rural Roads. Publics. The Journal of Federalism，1989，19（1）：127—138.

⑥ López. Under-investing in Public Goods: Evidence，Causes，and Consequences for Agricultural Development，Equity，and the Environment，Agricultural Economics，2005，32（1），pp. 211—224.

（二）公共产品的均衡供给

亚当·斯密是最早专门论述公共服务公平供给问题的经济学家。斯密在研究国家义务时，对公共服务中的公平性等因素进行了探讨，指出国家肩负供应公平的公共服务的义务和责任。[①]1896 年维克塞尔以及 1919 年林达尔，均深入地研究了公共产品供给的均衡问题，其中"维克塞尔—林达尔"模型为之后的研究打下了基础，这种模型把政府的决策与实际的政治活动结合起来，找到税收负担与公共品供给总量的一个基本平衡点，并利用局部均衡法将公共收入的最优水平求解出来，即每个社会成员都自觉自愿表达其在公共产品中获得的利益，并且他们自觉承担自己应承担的那部分成本。这样就能使公共品的供给量最大化。其后，20 世纪 50 年代，经济学家萨缪尔森提出了由公共产品决定的均衡理论。这一理论在探讨公共产品最优供给的问题上采用了许多的无差异曲线、序数效用、一般均衡分析以及帕累托等经济学基本理论、概念及方法。构建了著名的萨缪尔森模型，他是历史上首次凭借分析的方法对公共产品做出定义，并运用一般均衡分析方法对公共产品最优配置条件进行推导的。而布坎南主张通过收费的方式解决公共产品供给的成本问题，同时通过俱乐部的建立和消费，生产成本间的具体关系，去寻求俱乐部的最佳模式，最佳产品数量及最佳成员数目。但要实现俱乐部均衡一定要符合以下条件：俱乐部成员具有同质性、成员之间具有流动性等[②]。

蒂伯特曾经在财政分权和公共服务有效供给等方面进行了深入研究，并取得了诸多有益成果。蒂伯特提出了"用脚投票"理论。在他看来，公众会选择公共服务最能适应其需求且税收最为

---

① 亚当·斯密. 国富论［M］. 上海外语教育出版社，2005.
② 欧文. 欧文选集（第 1 卷）［M］. 北京：商务印书馆，1981：179.

合理的地区作为居住地点①。托宾提出"特定的平均主义"理论。他指出,那些具有稀缺性的公共服务比如医疗、教育等应该跟费用支付能力一并达到平均分配。斯蒂格利茨也认为,公共财政是对经济正义原则的重要检验场所②。科尔奈认为,政府负有令所有公民均拥有得到基础教育与医疗卫生保障的权利,以及确保贫困公民享有最基本的生存与发展权利的责任和义务③。20世纪80年代,欧洲学者 C. 布朗与 P. 杰克逊在概括财政联邦主义经验的过程中首次提出了基本公共服务最低公平这一概念,也就是公共服务的最低供应④。

公共产品供给在城乡和各地区间存在着较大差异,而这种非均衡的状况的产生存在多种原因。Barkley(1974)认为,农村与城市是不平衡发展的,特别是公共产品的供给存在很大的差异。城市对人们的吸引在于有大量的便利设施,人口的分布导致城乡公共产品供给的非均衡。人口密度越大,提供公共产品的成本就越低,所以农村地区公共产品的供应具有相对较高的成本,农村在某些重要公共产品的供给状况不尽如人意。公共产品供给是很艰巨的工作,而农村公共产品的供给存在更多的问题,更加使供给相关的政策承担增加效率、公平和人口重新分布中的作用变得更加困难。地区之间的差异也有政府支出分配不均的原因⑤。Lee et al(2008)研究了中央政府在多个地区支出的非中立效应。政府

---

① Tiebout，Charles，A Pure Theory of Local Expenditures，Journal of Political Economy，1956，(64)：416—424.

② Stiglitz，The Economic Role of the State，edited by Arnold Heertje，Black well，1989.

③ 雅诺什·科尔奈. 转轨中的福利、选择和一致性——东欧国家卫生部门改革 [M]. 北京：中信出版社，2003.

④ C. 布朗，P. 杰克逊. 公共部门经济学 [M]. 北京：中国人民大学出版社，2000.

⑤ Barkley. Public Goods in Rural Areas：Problems，Policies，and Population. American Journal of Agricultural Economics，1974，60（5），December：1135—1142.

支出和私人捐赠为地方公共产品和收入重新分配项目提供资金来源，这些都为穷困地区的发展作出贡献。在标准的模型中，政府支出对公共产品供给没有影响，因为随着政府支出的增加，捐赠者会减少他们的捐赠。捐赠者通过中央的慈善机构来帮助本地区的贫困社区和其他地区的贫困社区。地区之间通过捐赠相连，这种连接对捐赠者的行为影响超出了传统的挤出效应。结果导致政府支出在公共产品供给的水平上具有非中立的效应。政府的重新分配政策会影响转移给贫困地区的水平，因为它会影响到私人捐赠者的跨地区捐赠决策。因此，地方政府在收入重新分配程度的决策中扮演重要的角色[①]。Cornes et al(2002)用博弈模型研究了国家如何将资源（财政收入、税收）在各地区之间转移，使地方政府能够提供相当水平的公共服务，减少地区间的不平等。转移的主要障碍在于中央政府不清楚地方政府的偏好和供给成本状况，而这些是地方政府的私人信息，他们可能会赚取信息租金，中央政府的最优策略是给予地方政府激励，使其不要低报供给成本[②]。

大量国外学者针对中国的公共服务和财政服务均等化等领域，从多种角度进行了探讨和分析。Jin，Qian 和 Weingast 以地方财政享有的比重为标准对中国财政分权进行了研究，他们指出中国财政包干制度使得各地区的经济发展差距变小[③]。Bert Hofman 和 Susana Cordeiro Gurra 在详细分析了中国和东南亚若干国家在财力上的差异之后指出，就现在来讲，中国、印度尼西亚、菲律宾和越南四国地区间均存在较大的财力差异，进而使得其地

---

① Kangoh Lee. Voluntary contributions and local public goods in a federation. Journal of Urban Economics，2008. 63（1）：163—176

② Richard C. Cornes，Emilson C. D. Silva. Local public goods，inter-regional transfers and private information. European Economic Review，2002，46（2）：329—356

③ Jin Qiang and weingast. Regional Decentralization and Fiscal Incentives：Federalism，Chinese Style，Mimeo：Stand ford University，2001.

方政府对公共服务的供给也存在明显差异。二者把上述财力差异的原因归结为四国的地区间经济发展不均衡及财政转移支付制度不完善①。Kai-yuen Tsui 从地区间财力差异入手探讨了形成中国地区间公共服务水平差异的内在机理，发现地区间财力差异至少从 1994 年分税制改革以来基本处于一种上升状态。他还利用数据分析了收入和转移支付二者与财政支出差异的关系，指出专门用来缩小各地区财力差异的过渡期财政转移支付并没有取得明显成效②。汤玛斯·伯尼斯顿③在对中国农村行政管理及公共服务财政进行深入探讨之后认为，第一个五年计划时期，中国开始利用第一产业支持工业化发展，接下来的时期，在农村与城市之间实行差异化的教育、医疗及低保政策，农村公共服务成为政府投入的重点，加上地方政府入不敷出和中央政府在农村保障新注入资金上的分配不合理，上述种种均为形成城乡差距及公共服务不平衡的重要因素。

（三）财政农业投入对农村公共产品供给效率的影响

Binswanger（1995）估计了印度农业基础设施和农业 R&D 对农业生产的促进作用，认为生产率相对较高的地区更应当得到农村公共基础设施的资金投入④。

Sanjay Pradhan（1996）通过对印度农业部门公共支出效率的分析发现，增加灌溉的投资比增加化肥补贴更能够提高农业产量、促进农村发展。由于化肥使用量较低的邦通常穷人比例也较高，

---

① 王志雄. 我国基本公共服务均等化研究 [D]. 财政部财政科学研究所博士学位论文，2011.

② Kai-yuen Tsui. Local Tax System，Intergovernmental Transfers and China's Local Fiscal Disparities. Journal of Comparative Economics. 2005.

③ 庞力. 促进城乡基本公共服务均等化的公共财政制度研究 [D]. 湖南农业大学博士学位论文，2010.

④ Binswanger，Deininger，and Feder. Power Distortions Revolt and Reform in Agricultural Land Relations. Handbook of Development Economics，1995，（3）：2659—2771.

因此增加灌溉的投资对农村来说更能体现公共产品的效率与公平[1]。

世界银行以中国农村基础教育为例对财政支出结果的公平、效率与效益进行了分析,指出中国的教育经费不足,而且地方化严重(Wong and Deepak, 2003)[2]。

此外,还有学者研究了农业科研投入与区域经济发展的关系,如马耶夫斯基(2004)估计了农业科研投入对俄罗斯经济发展的贡献[3]。

七、农村公共产品供给效率问题的解决对策

(一)促使农村公共品供给主体多元化

萨瓦斯(Savas, 2000)指出:"公共选择关注的中心是政府与社会的关系,没有任何逻辑理由证明公共产品和服务必须由政府机构来提供。"打破政府的垄断地位就可以解决政府公共服务低效率和资金不足的问题,他认为应该选择 PPP 模式(Public-Private-Partnership,公共和私营部门合作伙伴模式)来提供公共产品,也就是鼓励政府与私人进行长期合作,用契约约束机制令私人根据政府建立的质量标准建造或制造公共产品,而政府以私人提供的产品的质量为依据分期划拨相关费用。私人依据合作项目利润的期望和公共部门的支持力度融资及运作,同时公共部门依靠私人的创业精神、民营资本和营运能力使提供公共产品效率得以提

---

[1] Pradhan, S. Evaluating Public Spending: A Framework for Public Expenditure Reviews. Copyright 1996 by The International Bank for Reconstruction and Development The World Bank, 1996.

[2] wong. P. W and Deepak. 中国:国家发展与地方财政 [M]. 北京:中信出版社, 2003.

[3] 弗·伊·马耶夫斯基. 俄罗斯经济发展中的主要问题及解决办法 [J]. 俄罗斯中亚东欧市场, 2004:7—10.

升①。奥斯特罗姆（2000）指出，政府要转变其职能，要进行"政府职能的市场化、政府行为的法制化、政府决策的民主化、政府权力的多中心化。其中政府职能市场化包括国有企业的民营化、公共事务引入内部市场机制等"，这里的市场化在农村公共产品的供给上也是适用的。②

汉斯曼（Hansmann，1980）③ 与维斯布罗德（Weisbrod，1986）④ 认为，应该采用政府和第三部门功能互补的公共产品供给模式，因为第三部门的产生是市场失灵和公共部门无法有效提供公共产品造成的，由于第三部门的独立性特征，使其能够在公共产品的供给上达到兼顾公平和效率的最优化。此外，乌诺斯（1991）给出并论述了"政府、市场、自愿部门三部门提供公共品供给模式"。⑤ 他认为，政府具有强制性，市场具有非强制性，自愿部门的特点是"志愿主义"，尽管三者表面上差异明显，但是在对某个社会问题进行处理时三者之间却联系紧密。然而，在它们给农民供应同种或者类似的公共产品或服务的情况下，则会产生激烈的竞争，从而使公共产品的提供效率得以提升。

简·莱恩（2004）指出，公共部门应该借鉴私人部门的管理模式，打造企业型政府，强调成本效益；对于公共事务管理的制度安排，不应出现将它们全部纳入私人领域，或者全部纳

---

① Savas E. S. Privatization and Public-Private Partnerships. New York：Original published by Seven Bridge，2000，pp. 44—62.

② 埃莉诺·奥斯特罗姆. 公共事务的治理之道 ［M］. 上海：上海三联书店，2000.

③ See Hansmann H. The Role of Nonprofit Enterprise，Yale Law Journal 1980，89（5），pp. 835—901

④ See Weisbrod，B. A. Toward a Theory of the Voluntary Nonprofit sector in a Three-sector Economy，In S. Rose-Ackerman（Ed.），The Economics of Nonprofit Institutions：Studies in Structure and Policy（pp. 21—44）. New York：Oxford University Press，1986

⑤ Wuthnow，R. Between States and Markets：The Voluntary Sector in Comparative Perspective，Princeton：Princeton University Press，1991

入公共领域的极端做法，应当在其结构上进行多中心制度安排①。

（二）增强公共财政支农项目效率

许多学者从需求入手来探讨农村提供公共产品效率低下如何解决的问题，其中，蒂伯特（Tiebout，1956）指出，假定不同农村地区的公共产品拥有不同的特点，它们之间的财政具有竞争性及流动性，公众允许在社区中作出选择。这个社区里，此社区税率设定的高低跟人们消费的公共产品相匹配，也就是说提供公共产品水平越高的社区税率通常就越高，而每个社区之间提供公共产品的效率可能有所差异。公众允许依靠"用脚投票"机制显示他们的偏好。虽然很多学者表示甚至批评蒂伯特模型的假设条件过于苛刻，但是在公共产品供给效率提高过程中的"非统一税制"问题却得到了学者的广泛关注②。21世纪初，德纳尔德等（Denhardt，2000）认为政府既应当参与提供公共产品，又应当完善农民在相关公共产品上的需求表达机制③。

上述对公共产品的理论探讨，奠定了我们结合中国现实状况通过对有关理论的分析，寻找公共产品有效供给道路的基础。然而，在农村提供公共产品的问题上，国外城乡差距并不像我国这么显著，并且发达国家的从事农业生产的人口所占的比例非常小，农业在国民经济中的地位也没有我国这么重要。所以，专门探讨农村公共产品的文献十分鲜见，导致西方公共产品理论的现实指导性大打折扣，具有很强的局限性。

---

① 龙新民. 中国农村公共产品供给失衡研究 [D]. 厦门大学博士学位论文，2007.

② Tiebout Charles. A Pure Theory of Local Expenditure. Journal of Political Economy，1956，(64)：416—424.

③ Denhardt R. B, Denhardt J. V. The New Public Service：Serving Rather than Steering. Public Administration Review，2000，60 (6).

第二节　国内研究综述

随着我国公共经济学科的不断发展，国内探讨公共产品供给问题的研究文献也逐渐增多，涉及该研究领域的研究成果也日益增多。在国内，学者们对农村公共产品理论在 20 世纪 90 年代逐渐兴起，在这个阶段，我国的经济增长速度较快、城乡差距也逐渐拉大，国内在我国农村公共产品上也进行了较为深入的研究，众多学者从各种视角出发在农村公共产品供给方面开展了诸多有益探讨。纵观农村公共产品相关文献，主要是从以下几个方面展开：

一、关于农村公共产品内涵的研究

我国学术界对公共产品概念的界定有很多。高鸿业、吴易风（1990）在《现代西方经济学》一书中，站在提供者角度把公共产品界定为"私人不愿意提供或无法提供的产品或劳务"。非竞争性和非排他性是公共产品的显著特征[①]。他们是我国最早站在提供者角度阐述公共产品的非竞争性的学者。胡家勇以公共产品的显示特征为出发点进行界定，指出"公共产品是指具有以下特征的产品：①生产具有不可分割性；②规模应特别大；③最初投资特别大；④具有自然垄断性；⑤消费具有排他比；⑥对消费者收费不易，或收费的成本过高。公共产品的主要特征是：消费的排他性、收费困难、自然垄断性，而且只要具备一个特征就可以称为公共产品"。尽管上述界定办法较为全面，但是公共产品的理论本质却很难把握。大部分国内研究者是以公共产品在消费上的非排他性

---

① 高鸿业，吴易风 . 现代西方经济学 ［M］. 北京：经济科学出版社，1990.

为出发点界定公共产品的。比如，在胡代光看来"所谓公共产品意指一个人对某些产品或劳务的消费并未减少，其他人同样消费或享受利益。公共产品的特性表现为：①消费的非竞争性；②提供的非排他性。这是目前国内最为典型的定义。① 尽管学者们对公共产品的定义有所差异，但仍存在共同点：即均利用了公共产品的"非竞争性和非排他性"特点对其进行界定。对农村公共产品的定义，学者们有着不同的理解。陶勇（2001）站在公共产品的定义视角，指出农村公共产品是一个相对农民私人产品的概念，目的是为适应农村公共需要，具有非竞争性和非排他性特点的社会产品②。张军（1996）指出，农村公共产品是由消费的非排他性与供给的连带性界定的③。姜柄寅、张晓光和李惠（2004）将农村公共产品界定为在农村中，不同于农民私人产品，目的是为适应农村公共需要，具有非竞争性与非排他性特征的社会产品④。廖清成（2005）指出，农村公共产品指为农民生产、生活中集体参与分享的，具有或部分具有非排他性与非竞争性的设施或服务⑤。综上，学者们在萨缪尔森对公共产品"非竞争性和非排他性"特点经典解释的基础上，对农村公共产品进行界定的。

叶兴庆（1997）采用成本分摊，将公共物品划分成制度内公共物品（即政府利用规范化的税收收入进行供应的公共物品）与制度外公共物品（即政府或社区组织利用某些制度外公共收入供应的公共物品）两类⑥。林万龙（2001）以政府级次作为切入点，基于公共产品，指出农村社区公共产品指的是乡村中的地方公共

① 胡家勇. 政府干预理论研究［M］. 大连：东北财经大学出版社，1996.

② 陶勇. 农村公共品供给与农民负担问题探索［J］. 财贸经济，2001（10）.

③ 张军. 制度、组织与中国的经济改革［M］. 上海：上海财经大学出版社，2004.

④ 姜柄寅，张晓光，李惠. 农村公共物品供需矛盾及对策研究［J］. 当代经济研究，2005（4）.

⑤ 廖清成. 农村公共品供给优先序问题研究［J］. 农业经济导刊，2005（5）.

⑥ 叶兴庆. 论农村公共产品供给体制的改革［J］. 经济研究，1997（6）.

产品，包括了乡政府供应的与农民自愿供应的公共产品①。朱守银（2001）认为，公共物品既包括其本身，又包括生产公共产品的组织和公共产品供给的制度规则。站在不同的角度，公共品有着不同的分类：以外形划分，公共品可以分成有形的公共品（比如农田水利设施、道路设施、通信设施等）及无形的公共品（比如市场竞争环境、公共服务、制度和公共组织等）。以产生的外部效应来划分，公共品可以分成好的公共品（就是满足人民利益，且对他们具有正向外部效应的公共品，比如农田水利设施、公平的竞争环境、明晰的产权制度等）与坏的公共品（就是不能满足人民利益，且对他们具有负向外部效应的公共品，比如噪声、污染、无效的制度、庞大过度的"官僚机构"等）②。徐小青（2002）将农村公共产品与服务划分为三种：第一种是接近纯粹公共产品的准公共产品，比如农村义务教育、农村公共卫生、农村社会保障、小流域防洪防涝设施建设、农业科技成果的推广、农田防护林、病虫害防治等；第二种是准公共产品，比如农村高中教育和职业教育、农村水利灌溉系统、农田改造、农村医疗、农村道路建设、乡村电网建设、农村文化场馆建设等；第三种是接近私人产品的准公共产品，比如农村电信服务、农村成人教育、自来水、农业机械设备投入等③。康静萍（2003）认为，农村的纯公共物品有：农村基层政府行政服务、农业发展战略研究、农村环境保护、农业发展综合规划及信息系统、农业基础研究、大江大河治理等。准公共物品主要包括：农村义务教育、农村公共卫生、农村社会保障、农村道路建设、农村医疗、中低产田改造、乡村电网建设、

---

① 林万龙. 家庭承包责任制后中国农村公共产品供给制度诱致性变迁模式及影响因素研究［J］. 农业技术经济，2001（4）.

② 朱守银. 中国农村城镇化进程中的改革问题研究［J］. 经济研究参考，2001（6）.

③ 徐小青. 中国农村公共服务［M］. 北京：中国发展出版社，2002.

农村文化馆等①。在李彬（2004）看来，乡镇公共产品的供应水平直接显示了我国农村公共产品的供应水平，农村公共产品供应在乡镇公共产品供应的范畴之内②。李华（2005）以功能为标准从社会再生产环节视角把农村公共产品划分成生产性农村公共产品和消费性农村公共产品③。王永莲（2004）则按照满足农村公共需要来分类，把农村公共产品划分成可持续发展类公共产品、农村经济发展类公共产品、农村基础设施类公共产品三类④。概括来讲，从不同的视角出发，农村公共产品有着不同的分类。

二、对于农村公共产品理论的研究

20 世纪末，在农村公共产品方面的研究在国内学术界逐渐兴起，学者们取得了诸多成果，最先是在财税问题的探讨中出现的，主要从以下几个方面展开：

（一）从财政体系的框架内来建构农村公共产品的理论研究

在张红（2003）、田野、朱连心（2004）等学者看来，农村公共产品的供应并不在公共财政收支范围之内，中央与地方在提供公共产品方面的职责划分存在诸多问题，公共产品供给决策机制的不完善使得不均衡的农村公共产品供给逐渐形成，以及农村公共产品选择与监督机制的缺位。想要加大农村公共产品的供应规模，就一定要巩固农村公共产品的财政支撑，丰富农村公共资金来源，划清中央与地方政府对农村公共产品的供给责任，创新农

---

① 康静萍. 论农村公共物品供给体系与农民权益保护 [J]. 江西财经大学学报，2003（6）.

② 李彬. 乡镇公共物品制度外供给分析 [M]. 北京：中国社会科学出版社，2004.

③ 李华. 中国农村：公共品供给与财政制度创新 [M]. 北京：经济科学出版社，2005.

④ 王永莲. 我国农村公共产品供给机制研究 [D]. 西北大学博士学位论文，2009.

村公共产品投资决策程序，加大农村公共资源开发利用的监管力度[①]。

孙潭镇等学者对农村公共产品供应中的摊派与集资等筹资方式的财政根源和缺陷进行了探讨，并对农村公共产品供应中因为财政资金短缺导致的制度外筹资方式对农村公共产品供应的影响进行了详细讨论。[②]

樊纲在对"乡镇政府非规范公共收入"进行了讨论之后，认为应将公共财政程序民主化，乡镇自理公共收入合法化，制度改革要站在基层民主财政的视角上，公开财政，使得筹集的资金得到合理的利用，从而较好地将制度外资金纳入规范的管理轨道，[③]林万龙深入探讨了税制改革之后各级财政主体对农村公共产品的提供水平，发现它们对供应农村公共产品的作用有所差异，农村公共产品提供水平过度地向上转移，会导致提供效率低下，所以，加大对省以下的财政支持力度具有重大意义。[④]

（二）从制度体系的框架内来建构农村公共产品的理论研究

雷原（1999）、曹保歌（2003）、雷晓康、楚永生、丁子信（2004）、陈永新、冷崇总、马晓河、方松海（2005）等学者看来，中国农村公共产品供给体系的弊端包括：城乡分离的二元结构，负担的税费和农民享受的公共产品不对称，农村公共产品供给决策机制不完善，财政资金供给和融资困难，政府的错位、缺位及越位导致农村公共产品供应规模过小。要使城乡公共产品供应一体化，建立并完善农村公共产品投入分担机制，逐步建立健全财政转移支付，增加农村地区的财政支持，健全农村公共产品筹资

---

① 张红.农村公共产品资源瓶颈：现状、成因及对策［J］.中国矿业大学学报，2003（9）；田野，朱连心.应该努力扩大农村公共产品供给［J］.农村经济，2004（7）.
② 孙潭镇，朱钢.我国乡镇制度外财政分析［J］.经济研究，1993（9）.
③ 樊纲.论公共收支的新规范［J］.经济研究，1995（6）.
④ 林万龙.不同阶层财政主体的农村公共服务供给能力分析［J］.甘肃行政学院学报，2009（1）.

制度，实行投资主体多元化方式，彻底改变自上而下的农村公共产品供给决策机制，实现农村居民自治①。

（三）从其他角度研究农村公共产品的供给

毛胜根站在公平性视角上对公共产品的供给进行了探讨。他分别从城乡不公平供给、农村不同地区间不公平供给、政府和私人之间供给职责不公平、政府与政府之间供给职责不公平以及农民不公平负担等视角对农村公共产品不公平供给问题进行了研究②。

李华认为，公共产品供给均等化和"公平"有着密切联系。社会伦理观念的差异会导致判断标准不尽相同，包括平均理念和效用均等（边际效用均等）两种。公共产品均等化是公平的重要内容③。

三、关于农村公共产品供给机制及制度演进的研究

因为农村公共产品在消费上具有非排他性特点，所以人们往往认为应该由政府来提供农村公共产品，农村公共产品的供给制度通常只针对各级政府。自 1949 年新中国成立到改革开放以前，农村公共产品供给机制一直是一种围绕着计划经济来进行，强调计划分配作用的国家分配型机制。然而，随着市场经济体制的逐

---

① 雷原. 农民负担与我国农村公共产品供给体制的重建 [J]. 财经问题研究，1999 (6)；曹保歌. 我国农村公共产品供给制度探索 [J]. 河南商业高等专科学校学报，2003 (5)；雷晓康. 农村公共产品提供机制的内在矛盾及其解决思路 [J]. 西北农林科技大学学报，2003 (2)；楚永生，丁子信. 增加农村公共物品的供给协调城乡经济发展 [J]. 农业经济，2004(8)；陈永新. 中国农村公共产品供给制度的创新 [J]. 农业经济导刊，2005(5)；冷崇总. 农村公共产品供给现状与机制创新 [EB/OL]. 厦门物价信息网，2005；马晓河，方松海. 我国农村公共品的供给现状、问题与对策[J]. 农业经济问题，2005 (4).

② 毛胜根. 我国农村公共产品供给的公平性问题研究 [J]. 华中师范大学硕士学位论文，2007.

③ 李华. 中国农村：公共品供给与财政制度创新 [M]. 北京：经济科学出版社，2005.

步形成，农村公共产品的供给受到了极大影响，促进了适应市场经济运行需求的农村公共产品供给，且基本建立了新的农村公共产品供给机制。

黄佩华（2003）通过分析指出，我国社会发展的执行主体通常是省或省级以下政府，省及省级以下政府承担了接近七成的公共支出，其中，五成以上公共支出由地市级及以下政府提供。自1994 年税制改革以后，中央强化了对公共收入的管控，但财政支出责任并没有同步改变，导致原本就较为拮据的地方政府更加困难。为了使这种收入支出管理体制得以运行，在各级政府间就发生了大量的转移支付。如中央政府收入占总收入的 50％～55％，而支出仅占 30％，其余部分用来进行转移支付。平均来讲，地方财政支出有四成来自转移支付。1999 年，转移支付占县级政府财政支出的 33％，国家级贫困县平均达到了 61％。这种制度安排使得获得上级政府的转移支付显得异常重要，特别是在中西部不发达农村地区。同时，上级政府的转移支付通常以项目的形式进行，因此获得上级政府项目资助成为农村公共产品融资的一种主要形式[1]。

张军、何寒熙等（1996）站在制度变迁的视角上对改革后期的农村公共产品供给进行了研究，利用相关数据分析了改革后期的农村公共产品供给的诱致性制度变迁，分析了影响这一诱致性变迁的主要因素，并给出了一些政策建议。在二者看来，各项制度安排关系密切，如果其中某个制度发生变化，那么也一定要对其他制度进行改变[2]。

张军、蒋琳琦（1997）对农村公共产品供给制度变迁的成本因素进行了研究，并探讨了农村公共产品制度变迁形成的可能性

---

① 黄佩华. 中国：国家发展与地方财政 [M]. 北京：中信出版社，2003.

② 张军，何寒熙. 中国农村的公共产品供给：改革后的变迁 [J]. 改革，1996（5）.

与各种形成方式的要素，指出农村公共产品供给制度第一步是从全部由政府供给转向政府主导，随着经济社会的不断进步，逐渐形成了私人提供及民间合作模式，其中成本是阻碍新制度形成的重要因素[①]。张军，蒋维（1998）则实地考察了浙江绍兴地区，印证农村经营管理体制改革在农村公共产品供给的制度变迁上起到了一定作用，他们认为原本的公共产品供给会转向私人物品、俱乐部物品和维持原部门提供的物品。他们还指出，重视地区经济发展，推动资产存量富足主体的快速发展，形成一种相对较好的制度环境和公共部门的适当介入，能够为公共物品供给提供便捷，从而使得协调成本与排他成本下降，进而为制度创新提供便利[②]。

林万龙（2000）指出，中国的经济体制改革导致农村经济制度的不断变革，并把中国农村社区公共产品供给存在的弊端的原因归结为宪法秩序意义上的变迁（家庭联产承包制）导致的制度不适应性，当前农村公共产品供给制度对变革以后的制度环境不够适应，因此一定要对制度进行创新。他还阐述了这么一个理论假设：家庭承包制的实行是宪法制度层面的变迁，也许会诱使农村社区公共产品供给制度的相应变迁，分为供给主导变迁和需求主导变迁两类。他指出，人民公社制被家庭联产承包制所取代，是宪法层面的制度变迁，这既导致之前的制度安排逐渐失效，还为新的制度安排提供了可能性。这使制度安排的操作范围得到扩展，进而给新的农村公共产品供给制度的形成创造了条件。这一假设深刻地反映家庭联产承包制对农村公共产品供给制度安排的创新绩效。他考察了农村小型水利设施、村级基本医疗卫生服务以及农村民间专业技术协会，发现实行家庭联产承包制之后，某

---

① 张军，蒋琳琦．中国农村公共品供给制度的变迁［J］．理论视角，世界经济文汇，1997（5）．

② 张军，蒋维．改革后农村公共产品的供给：理论与经验研究［J］．社会科学战线，1998（1）．

些农村已经形成了农村公共产品供给制度的诱致性变迁，而且形成了不低于三种新的公共产品供给模式：私人提供公共产品、公共产品转向俱乐部产品和公共产品转向私人产品[①]。

黄志冲（2000）指出，农村家庭联产承包制增加了农民劳作的积极性，农村的生产和生活水平大幅提升。然而，以家庭为单位的组织结构较为分散，过度依赖于农村公共产品。市场化越严重的农业经济，就越依赖于公共产品，由于外部环境会对农产品丰歉及农民利益造成直接影响，会推动农业经济的不断发展[②]。吴士健，薛兴利（2002）明确提出，"从公共产品供给决策的政府主导性、供给的强制性、公共资源使用的随意性以及筹集的制度外特征来看，家庭联产承包制下的农村公共品的供给仍然只是人民公社时期农村公共品供给制度的继承与延续"[③]。

叶兴庆（1997）对农民负担体制进行了深入探讨，他指出，尽管人民公社被替代之后，设置了对应的乡一级财政，而乡镇财政的支付范围很窄，乡镇部分及村庄所有公共产品的实质并没有改变，仍在制度外供给的公共产品的范畴之内，因此，当前农村公共产品制度外供给体制并不是彻底的变革，而是人民公社时代供给制度的延续，然而二者在物质成本与劳力成本分摊上也不尽相同[④]。

熊巍（2002）指出，中国当前的农村公共产品供给制度属于

①　林万龙．家庭承包责任制后中国农村公共产品供给制度诱致性变迁模式及影响因素研究［J］．农业技术经济，2001（4）。

林万龙．乡村社区公共产品制度外筹资、历史、现状及改革［J］．中国农村经济，2002（7）。

林万龙．中国农村社区公共产品供给制度变迁研究［M］．北京：中国财政经济出版社，2003.

②　黄志冲．农村公共产品供给机制创新研究［J］．现代经济探讨，2000（10）。

③　吴士健，薛兴利．试论农村公共产品供给体制的改革与完善［J］．农业经济，2002（5）.

④　叶兴庆．论农村公共产品供给体制的改革［J］．经济研究，1997（6）。

不规范供给制度，它包含了制度内和制度外两部分。而受财政预算内低收入限制，政府提供的制度内公共产品是无法满足公共需求的，为了保证基本公共所需，只能借助预算外及制度外收入来补充资金缺口。他认为，我们在提供农村公共产品供给时，在我国现有的经济环境约束下，只能选择一种符合我国国情的公共产品供给模式，兼顾效率和公平的次优供给模式，在公共产品最优供给模型下建立民主表达机制，同时中央政府对全国的公共产品按照公平性原则进行供给。同时他认为应同时完善转移支付制度、规范农村税费制度[1]。

吴朝阳与万方（2004）指出，要加快改革农村乡镇财政，划清中央与地方政府对农村公共产品的供给责任，破除在公共产品供给上的城乡二元结构[2]。庞霓红（2006）指出，要加快构建公共财政体制，创新并健全农村治理结构，促进农村中间组织良好发展，优化农村公共产品提供方式，尽快建立农村基本制度体系等措施，进而使农村公共产品供给得到优化[3]。

四、关于农村公共产品供给现状的研究

对我国农村公共产品供给现状的研究很多，如于丽敏（2003）[4]、高峰（2003）[5] 等，其中熊景明（2000）所著的《进入二十一世纪的中国农村》一书对其探讨相对深入。刘保平等（2003）认为，因为制度外筹资、自上而下的决策体制及乡镇制度资金匮乏等因素，导致中国农村公共产品的供给效率不高与地区

---

① 熊巍. 我国农村公共产品供给分析与模式选择 [J]. 中国农村经济，2002（7）.

② 吴朝阳，万方. 农村税费改革与农村公共产品供给体制的转变 [J]. 中央财经大学学报，2004（5）.

③ 庞霓红. 我国公共财政支出问题研究综述 [J]. 经济纵横，2006（1）.

④ 于丽敏. 农村公共物品供给不足对农村经济发展的瓶颈效应分析 [J]. 税务与经济，2003（4）.

⑤ 高峰. 农村公共物品的短缺及其解决——兼论税费改革后农村公共物品的供给 [J]. 理论学习，2003（3）.

之间的不公平。具体来讲，问题主要表现为农村公共产品总体供给不足、部分公共产品供给过剩、公共产品供给的不公平性[1]。包括城乡公共产品供给的不公平性；农村各地区间公共产品供给的不公平性；农村公共产品负担成本的不公平性[2]。陈小梅（2004）认为，农村公共产品供给有着诸多弊端，包括结构性失衡、公共资金使用透明度低以及管理制度合理等[3]。概括而言，我国研究人员广泛指出目前农村公共产品的供给总量极度匮乏，满足不了农村居民的需求，而且有着地区性及结构性失调等弊端。

（一）农村公共产品供给总量的缺失

刘斌（2002）站在农村现代化的视角上进行了详细探讨，他认为中国某些公共产品如农村基础设施、农产品、市场信息等供给不足，满足不了农业现代化的基本需求[4]。李燕凌（2004）采取数学模型进行分析，结果显示，收入对交通运输及通信、文化教育娱乐、医疗卫生保健三类公共产品消费的收入弹性非常大，验证了目前农村公共产品供给极度匮乏[5]。熊巍（2002）指出，导致农村公共产品供给总量缺失的原因是由于制度上的缺陷和政府投入的不足。在制度上主要是由于现行分税制的缺陷使乡镇收入十分有限，而由于缺乏监督机制，使得本可得到调整的转移支付也仍旧没有给乡镇政府带来过多数额的收入。政府投入的不足主要表现在基础设施方面，和城市相比，农村在基础设施方面相差甚远，国家一直重视城市建设却忽略了农村，使得两者之间呈现不

① 刘保平，秦国民．试论农村公共产品供给体制：现状、问题与改革．甘肃社会科学，2003（2）．

② 熊巍．我国农村公共产品供给分析与模式选择［J］．中国农村经济，2002（7）．

③ 陈小梅．论农村公共产品供给的现状与改革［J］．南方农村，2004（2）．

④ 刘斌．中国农村现代化之路［J］．零陵学院学报，2002（4）．

⑤ 李燕凌．我国农村公共产品供求均衡路径分析及实证研究［J］．数量经济技术经济研究，2004（7）．

平衡状态。所以我们建议，必须扩大对农村农业基础建设的财政支付，缩小与城市的差距，实现城乡一体化的发展路径[2]。孔祥智等（2006）考察了江苏、福建的实际情况，结果显示，中国的农村交通、水利等基础设施不够完善，农业技术推广与培训状况较差，农户自身对公共产品的支付意愿并不强烈[1]。詹建芬（2007）考察了浙江的供给状况，结果显示，公共产品供给也是明显匮乏，并将其原因归结为地方政府行为的历史惯性、能力限制、博弈心态以及制衡缺失[2]。李大胜等（2006）重点对农村生产性公共产品的研究发现存在总量缺乏、结构不合理和区域矛盾等问题[3]。睢党臣（2007）指出农村公共产品供给总量缺乏。供给总量缺乏具体呈现为农村地区的基础设施匮乏，基础教育落后，医疗卫生事业发展落后[4]。

（二）农村公共产品供给结构失衡

冯海波（2005）[5] 认为，所谓农村公共品供给结构的失衡就是指政府与农民在权利上的不对等，农民不能对政府提出需求和制约，政府无法根据农民的需求提供准确的公共品服务，这就会导致供给结果的偏差，我们需要的是一个以需求为主导的机制而不是以供给为主导公共品供给模式。汪前元（2004）[6] 同样认为，农村公共品供给结构失衡主要问题就出在供给机制上，需求和供给

　① 孔祥智，李圣军，马九杰，王明利．农村公共产品供给现状及农户支付意愿研究 [J]．中州学刊，2006（4）．

　② 詹建芬．农村公共产品短缺中的地方政府行为理性分析 [J]．浙江社会科学，2007（2）．

　③ 李大胜，范文正，洪凯．农村生产性公共产品供需分析与供给模式研究 [J]．农业经济问题，2006（5）．

　④ 睢党臣．农村公共产品供给结构研究 [D]．西北农林科技大学博士学位论文，2007.

　⑤ 冯海波．委托—代理关系视角下的农村公共物品供给 [J]．江西财经大学学报，2005（3）．

　⑥ 汪前元．从公共产品需求角度看农村公共产品供给制度的走向 [J]．湖北经济学院学报，2004（6）．

的错位。现行公共品供给模式存在着诸多缺陷，例如纯公共品的不足、准公共品过多以及提供的产品不少可是质量却没有保障，在硬件设施上下大力而软件水平不足以及没有考虑到长远农村公共产品的发展，对于农村公共产品的后期维护和修理也十分缺乏。熊巍（2002）较早地指出了中国农村公共产品的供给效率较为低下，并认为这种低下表现在以下几个方面：农民迫切需要的公共产品供给极度匮乏；在农村可持续发展方面的公共产品供给明显不足；农民需求不迫切的公共产品供给超额①。睢党臣（2007）认为农村公共产品供给存在总量匮乏、结构失调等问题。供给结构失调主要表现在：农民迫切需要的公共产品供给极度匮乏，农民基本没有需求的公共产品供给超额；重大中型水利设施建设，轻一般农业基础设施建设；强调建设生产性基础设施，不注重完善教育、医疗和卫生事业；强调农村科学教育文化事业的进步，不注重完善农村医疗、卫生事业②。刘保平（2003）③、郭泽保（2004）④指出，农民迫切需要的公共产品供给短缺，但没有需求或者需求不迫切的公共产品则供给过量。

姜炳寅、张晓光和李惠（2005）站在农村公共产品的供给与需求视角上对目前农村公共产品供给中所存在的供需错位、总量短缺和有些公共产品供给过量、结构失调等问题进行了研究，并为处理农村公共产品需求供给矛盾提出了对策选择⑤。王国华、李克强在2003年指出农村公共产品供给结构不合理，能增加官员政绩的公共产品供给过度，而与农民生存生活密切相关的重要公共

① 熊巍. 我国农村公共产品供给分析与模式选择 [J]. 中国农村经济, 2002 (7).

② 睢党臣. 农村公共产品供给结构研究 [D]. 西北农林科技大学博士学位论文, 2007.

③ 刘保平. 试论农村公共产品供给体制：现状、问题与改革 [J]. 甘肃社会科学, 2003 (2).

④ 郭泽保. 建立和完善农村医疗卫生体制的思考 [J]. 卫生经济研究, 2004 (9).

⑤ 姜炳寅, 张晓光, 李惠. 农村公共物品供需矛盾及对策研究 [J]. 农村财政与财务, 2005 (3).

产品的供给却捉襟见肘[1]。

（三）农村公共产品供给效率低下

熊魏（2002）认为，之所以造成现在农村公共产品供给效率的低下主要原因还是由于供给机制存在的问题，再加上乡镇财政资金不足、农民的需求得不到完整体现等原因[3]。刘保平、秦国民（2003）也认同这种观点，认为供给效率是受了供给机制、制度外筹资机制和乡镇财力三方面的影响[2]。陈宇（2010）用模糊数学综合评价法研究了农村公共产品供给绩效，评价指标体系包括满足基本生存、满足基本生活、满足发展和娱乐性公共产品等四个方面[3]。郑双和冯小林（2009）用田野调查的方法研究了农村宗教、农村社区社会关联等非正式制度对农村公共产品供给绩效的影响，发现非正式制度可以降低公共产品的供给成本，要实现农村公共产品的有效供给，除了正式制度的建设，还需要发挥非正式制度的作用[4]。彭膺昊和陈灿平（2011）用田野调查法验证了农村社区建立良好的内生秩序有助于提高公共产品供给效率[5]。

（四）农村公共产品质量差、层次低

匡远配（2006）认为，贫穷地区的农村公共产品供给效率较

---

① 王国华，李克强. 农村公共产品供给与农民收入问题研究 [J]. 财政研究，2003（1）.

② 刘保平，秦国民. 试论农村公共产品供给体制：现状、问题与改革 [J]. 甘肃社会科学，2003（2）.

③ 陈宇. 农村公共产品供给绩效的模糊综合评价决策模型 [J]. 华中农业大学学报，2010（4）.

④ 郑双，冯小林. 农村社区公共产品供给绩效之制度分析：以 C 县白露村、T 县永昌村为例 [J]. 社会科学辑刊，2009（4）.

⑤ 彭膺昊，陈灿平. 村庄内生秩序与农村公共服务供给绩效 [J]. 西南民族大学学报，2011（7）.

为低下使得所提供的农村公共产品质量不容乐观①。崔开华（2007）认为我国农村公共产品的供给仍限于低层次的公共产品，新兴的、现代的公共产品发展缓慢，如供气、供热、水处理、垃圾处理、文化娱乐等基本还是空白②。

（五）公共产品供给非均衡

我国是经济社会发展不平衡的国家，包括东西部之间的地区差距和"二元结构"导致的城乡差距，反映在公共产品的供给中也是如此。

城乡差异方面。林万龙（2005）建立城乡理论模型，提出我国城乡公共产品供给的差异有发展战略偏差和体制设计的原因，同时也应看到经济发展阶段的客观原因，城乡公共产品统筹供给并不是城乡公共产品的完全均等，而是要考虑经济发展水平下的统筹供给③。岳军（2004）指出，中国的城乡公共产品供给制度差异十分明显④。尚长风（2005）认为，城乡供给差距的根源还有一个与农村地域广大、人口居住分散、成本收益不对称的自然因素有关⑤。许开录（2006）指出，重城抑乡、重工轻农、"自上而下"的非均衡供给决策机制把弱势群体的农民完全排除在公共产品决策体系之外是造成城乡供给失衡的主要原因⑥。在王国敏（2006）看来，导致农村公共产品供给不均衡的直接原因是农村制度变迁的"单项突进"；历史原因是重城轻乡的工业化道路；现实原因是

---

① 匡远配. 贫困地区县乡财政体制对农村公共产品供给影响的研究 ［M］. 北京：中国农业出版社，2006.

② 崔开华. 我国农村公共品供给效率分析及对策 ［D］. 山东大学硕士学位论文，2007.

③ 林万龙. 经济发展水平制约下的城乡公共产品统筹供给 ［J］. 中国农村观察，2005（2）.

④ 岳军. 农村公共产品供给与农民收入增长 ［J］. 山东社会科学，2004（1）.

⑤ 尚长风. 城乡公共物品供给差异的根源 ［J］. 农村工作通讯，2005（11）.

⑥ 许开录. 城乡公共产品供给失衡的原因剖析及政策选择 ［J］. 科学与管理，2007（3）.

供需主体的双重缺失；根本原因是城市和农村利益集团的实力差异巨大①。马骁等（2011）也赞同城乡政治支持差异是导致城乡公共产品供给差异的根本原因，认为城乡公共服务的非均衡不仅是财力的原因，更是微观政治经济利益博弈。地方官员向城市供给公共产品可以获得更多的政治支持，因此他们忽略向农村供给公共产品，这也是他们的理性选择。这种政治差异还导致了农村公共产品供给的结构差异，即地方政府会选择性的供给道路、校舍等"硬公共产品"，可以更好地显现政绩，而忽略了社会保障等"软公共产品"②。陈宇峰和胡晓群（2007）认为，是上级政府对地方政府官员的考核评价和行为激励体制，导致地方官员在面临多个公共产品供给提案时，在任务测度不清楚的情况下投资过少，致使农村基层政府对公共产品的供给十分短缺③。其实，这与周黎安（2007）所说中国官员"锦标赛"式的晋升激励模式所带来的缺陷是一致的④。因此，如果要实现基本公共产品均等化目标，则需优化政治支持结构。

除了城乡之间的差异以外，其实农民内部的分化也会导致公共产品供给的差异。吴理财（2006）利用调查的农民工数据进行分析，发现公共产品供给不仅城乡居民之间存在差距，而且农民内部即农民与农民工之间也存在差异。此外，农民仅仅是参照当地的城市居民公共产品供给，而农民工还参照流入地城市居民公共产品供给与自己的差异，因此农民工具有更强烈的不平等感知⑤。

---

① 王国敏. 新农村建设的物质基础：农村公共产品供给制度——一个非均衡发展的经济学分析 [J]. 社会科学研究，2006（5）

② 马骁，王宇，张岚东. 消减城乡公共产品供给差异的策略——基于政治支持差异假设的探视 [J]. 经济学家，2011（1）.

③ 陈宇峰，胡晓群. 国家、社群与转型期中国农村公共产品的供给 [J]. 财贸经济，2007（1）.

④ 周黎安. 中国地方官员的晋升锦标赛模式研究 [J]. 经济研究，2007（7）.

⑤ 吴理财. 从流动农民的视角看公共产品的供给 [J]. 华中师范大学学报，2006（2）.

我国各地区之间的公共产品供给差异明显。马慧强等（2011）采取熵值法对中国 200 多个地级市在公共服务上的供给水平与质量进行了分析，结果显示中国城市公共服务在空间上十分不均衡，总体呈东中西递减趋势①。任强（2009）用基尼系数测度方法对我国省域公共服务水平差异进行测算发现，我国各省份之间的公共服务水平差异不仅没有缩小，而且还有进一步扩大的趋势。导致地区之间公共产品供给差异的因素很多②。刘德吉等（2010）关注了各省卫生医疗、基础教育等民生类公共服务的地区差异，实证研究结果表明地方财政支出、中央转移支付水平、城市化水平是导致差异的主要因素③。邓菊秋（2010）利用全国第二次农业普查数据对东中西部公共产品供给的地区差异进行分析，发现导致差异的原因包括二元体制、财政转移支付制度和经济发展水平④。

五、农村公共产品供给问题的原因分析

（一）农村公共产品供给效率低下的原因

导致农村公共产品供给效率低下的原因很多，部分学者通过研究总结出以下原因：

1. 供给机制

我国农村公共产品供给效率低下的原因，熊巍（2002）将其归结为我国农村公共产品实行自上而下的供给机制、乡镇财政的

---

① 马慧强，韩增林，江海旭．我国基本公共服务空间差异格局与质量特征分析［J］．经济地理，2011（2）．

② 任强．中国省际公共服务水平差异的变化：运用基尼系数的测度方法［J］．中央财经大学学报，2009（11）：5—9．

③ 刘德吉，胡昭明，程璐，汪凯．基本民生类公共服务省际差异的实证研究［J］．经济体制改革，2010（2）：35—41．

④ 邓菊秋．农村公共产品供给地区差距的实证分析［J］．财经科学，2010（2）：116—124．

财力不足、较少顾及需求者的需求信息和农民本身存在的文化特质等原因[1]。与此类似，刘保平、秦国民（2003）则把中国农村公共产品供给效率低下的原因归结为：农村公共产品的制度外筹资机制，自上而下的农村公共产品供给决策机制，乡镇制度内财政的资金短缺[2]。

2. 县乡财政面临困难

当前我国县乡财政运行中存在较多问题和困难，这在很大程度上使得农村公共产品供给效率低下。张晓山（2005）指出，随着1994年分税制改革，预算外资金逐渐纳入预算内，加上非税收入被逐渐废除，县乡财政入不敷出的现象不断凸显，提供农村公共产品的资金缺口增大是导致农村公共产品供给不足的重要原因[3]。

3. 公共财政支农项目的效率

目前，公共财政支农项目效率问题得到了财政支农课题相关学者的广泛关注，比如辛毅（2003）对财政支农资金的使用规模、结构、方式及效率进行了探讨[4]；陈池波（2005）从博弈的视角探讨了中央及地方政府在农业方面财政投入的行为函数与绩效[5]。

4. 政府职责划分不清

梁红梅、丁建微（2009）认为，农村公共产品供给效率低下的一个重要原因就是政府职责划分不清、支出分配不合理。具体体现为：市场与政府的边界不清晰，政府职责的越位和缺位的现

① 熊巍. 我国农村公共品供给分析与模式选择 [J]. 中国农村经济，2002 (7)：37—45.

② 刘保平，秦国民. 试论农村公共产品供给体制：现状、问题与改革 [J]. 甘肃社会科学，2003 (2)：74—76.

③ 张晓山. 简析中国乡村治理结构的改革 [J]. 管理世界，2005 (5)：70—76.

④ 辛毅. 财政支持农业的绩效评价 [J]. 宏观经济研究，2003 (3)：42—45.

⑤ 陈池波. 中央政府与地方政府的农业投资博弈分析 [J]. 农业经济问题，2005 (6)：54—56.

象同时并存；中央政府与地方政府的供给范围不明晰，造成农村公共产品供给扭曲；中央与地方政府的财权、事权不对称，地方政府资金缺口巨大；转移支付制度不完善，难以体现农村公共产品供给的公平性①。

5. 供给分散

崔开华（2007）认为由于农村分布分散，没有规模效应，农业组织化程度难以提高，公共产品供给效率低②。除此之外，地方政府尤其是乡镇政府领导干部追求表面政绩和自身利益，一些公共部门在提供公共产品时服务的思想意识差，导致公共产品的供给脱离了农民的实际需要，进而致使农民最终享受的是完全一致、甚至是最低限度的公共产品（陈俊星，2004）③。刘文勇（2008）从影响公共产品供给效率的内、外两个角度提出了影响公共产品供给效率的七个因素：寻租、政府目标、制度、公共产品本身的特点、技术因素、不对称信息④。

（二）公共产品供给非均衡的原因

尚长风（2004）、林万龙（2005）详细探讨了统筹城乡公共产品供给方面的问题，他们在主张经济的城乡二元结构是导致城市和农村极大差距的根本原因的基础上，对怎样切实消除城乡界限进行了讨论，并提出了统筹城乡的政策措施⑤。刘鸿渊（2005）指

---

① 梁红梅，丁建微. 对农村公共产品供给效率的再思考——从政府职责划分与支出分配视角的分析 [J]. 中央财经大学学报，2009（4）.

② 崔开华. 我国农村公共品供给效率分析及对策 [D]. 山东大学硕士学位论文，2007.

③ 陈俊星，田树红. 论我国农村公共管理体制的改革与创新——以农村公共产品供给为分析视角 [J]. 福建行政学院福建经济管理干部学院学报，2004（6）.

④ 刘文勇，吴显亮，乔春阳. 我国农村公共产品供给效率的实证分析 [J]. 贵州财经学院学报，2008（5）.

⑤ 尚长风. 农村公共产品缺位研究 [J]. 经济学家，2004.（6）.

林万龙. 经济发展水平制约下的城乡公共产品统筹供给：理论分析及其现实含义[J]. 中国农村观察，2005（2）.

出，导致中国农村公共产品供给问题的历史原因是城市和农村公共产品供给体制的不统一，在新的发展阶段必须对我国农村公共产品供给体制进行革新①。曲延春详细研究了其历史渊源、发展战略、制度环境与城乡公共产品二元供给体制产生之间的关系，他认为，二元供给体制是新中国成立后优先发展重工业措施实行的后果，城乡分离的户籍管理制度及政策措施在农民问题上的不足构成了城乡二元体制产生的制度环境②。梁玉玺对我国的制度安排对城乡收入差距的影响进行了分析，他指出，国家制度歧视导致的城乡居民机会不平等诱使了城乡收入差距的不断拉大，应当有目的、系统的对制度层面进行革新，从而使城乡居民机会平等化③。鄢奋利用理论分析及历史数据，从时间上分成四个时期总结了新中国成立后到 2006 年我国农村公共产品供给情况与特征④。曾金盾以制度分析为切入点，对中国目前农村公共产品供给制度的弊端进行了探讨，包括城乡公共产品二元供给体制、供给主体双方失衡、自上而下的公共产品供给决策机制以及农村公共产品供给的筹资方式受限⑤。朱刚、贾康认为，导致城乡公共产品与服务供给显著差异的原因包括：经济发展水平不景气造成的财政收入来源缺乏；城乡非均衡发展战略造成的财政资源配置倾向城市；当前政府之间行政管理体制造成的财政资源在各级政府分配不合理⑥。吴光锋指出，除了城乡二元结构以外，非均衡区域发展战略和分税制的不健全也是导致城乡不均衡的原因⑦。钟晓敏、赵海利认为，中国义务教育不均等的根本原因是我中国地区之间存在显著

---

① 刘鸿渊．农村公共产品供给不足的原因与重构 [J]．商业研究，2005（2）．
② 曲延春．论城乡二元公共产品供给体制的形成 [J]．山东工商学院学报．2009（6）．
③ 梁玉玺．城乡收入差距的制度因素分析 [J]．中国农学通报．2009（6）．
④ 鄢奋．中国农村公共产品供给状况及特点 [J]．东南学术．2009（2）．
⑤ 曾金盾．我国农村公共产品供给制度缺陷分析 [J]．重庆科技学院学报．2009（2）．
⑥ 朱钢，贾康．中国农村财政理论与实践 [M]．太原：山西经济出版社，2006．
⑦ 吴光锋．从公平视角透析我国公共产品供给差异性原因 [J]．地方财政研究，2007（3）．

差距，地区间经济发展水平上的显著差距以及"以县为主，分级管理"的义务教育投入体制的不合理①。陈佳憬把中国城乡基本医疗卫生服务不均衡的原因归结为城乡二元结构，包括户籍制度、农产品购销制度、就业制度；财税体制，包括事权下移与财权上移②。

六、对我国农村公共产品供给主体的研究

王传纶、高培勇指出，公共产品或劳务供给存在市场失灵，由私人部门通过市场提供是不现实的，必须由公共部门提供。市场失灵的基本原因在于价格信号并非总能充分地反映社会边际效益和社会边际成本。因为公共产品或劳务产生的效用不可分割成若干单位，所以既不能出售给个人或企业，也不能对它们进行定价，显然通过市场供给是不现实的。由于公共产品或劳务所固有的效用的不可分割性（non-divisibility）、消费上的非竞争性（non-rivalness）及收益上的非排他性（non-excludiability），所以私人部门通过市场提供不能进行有效供给③。

郭少新（2004）站在地方公共产品的视角上，将地方公共产品划分成经营性公共产品和非经营性公共产品两类。他指出，私人部门之所以愿意提供的原因是他们的"经济人"动机驱动的，在超额需求及经济人动机的诱使之下，私人部门通过市场对公共产品进行供应，能够利用提供经营性公共产品的方式，提升自身的社会形象，进而增加私人产品或服务的销售，提高利润。这实际是企业（市场）供给公共产品，目的是出于企业利润最大化的考虑④。王廷惠（2006）站在公共产品边界变化的视角上进行研

① 钟晓敏.基本公共服务均等化下的我国义务教育转移支付模型［J］.财政研究，2009（3）.

② 陈佳憬.我国城乡基本医疗卫生服务均等化的探究［J］.群言堂，2010（5）.

③ 王传纶，高培勇.当代西方财政经济理论》（上）［M］.北京：商务印书馆，1998.

④ 郭少新.地方公共物品的私人供给分析［J］.生产力研究，2004（9）.

究，指出公共产品的公共性处于动态变化中，他认为只要公共产品确立产权制度、组织与技术等排他性措施，就可以由私人有效供给[①]。焦少飞（2006）指出若强势个人介入集体行动中，其影响力进入自身收益函数后，他将偏向于组织集体行动，从而领导集体行动，进而使交易成本与搭便车行为减少，并将提升小集团公共产品的供给水平。他指出集体中的强势个人会使交易成本与搭便车行为减少，从而使集团对公共产品的供给数量增加[②]。吕恒立（2002）指出，政府应当从制度层面鼓励私人供给者供应公共产品，比如明晰公共产品产权和制定激励性政策措施等，为其营造良好的制度环境。由于产权是强制性制度安排，私人部门不可以对其界定，因此需要政府进行界定。另外，因为有的公共产品的成本较高、无利可图，政府应对这些私人提供部门加以补贴或者制定优惠政策[③]。吕达（2004）指出，公共产品私人供给机制其实就是一种公共与私人之间的委托代理关系。其中，私人部门、市场力量负责公共产品的制造生产，政府部门负责费用，再供应给需要的居民[④]。

李霞、王军（2004）指出，政府供给公共产品不一定要求政府来组织生产，政府可以选择与私人资本联合的形式，采取联合生产、购买产品（或服务）等方式提供城市公共产品[⑤]。张军和何寒熙（1996）提出，改革后的农村公共品完全可以由政府、私人共同承担，而经济发展水平、各级政府参与程度与农民的知识水平都是对农村公共品供给制度造成影响的相关因素[⑥]。熊巍对我国公共产品供给状况进行了分析，结果显示农村公共产品既在形式

[①] 王廷惠.公共物品边界变化与公共物品的私人供给［J］.华中师范大学学报，2007（7）.

[②] 焦少飞.农村强势成员与农村公共产品供给［J］.财经科学，2006（6）.

[③] 吕恒立.试论公共产品的私人供给［J］.天津师范大学学报，2002（3）.

[④] 吕达.公共物品的私人供给机制探析［J］.江西社会科学，2004（11）.

[⑤] 李霞，王军.城市化进程中的城市公共产品供给［J］.西南民族大学学报，2004（9）.

[⑥] 张军，何寒熙：中国农村的公共产品供给：改革后的变迁［J］.改革，1996（5）.

上不够规范，供给总量匮乏，又在效率与公平上有着明显弊端。他还提出了对应的次优供给理论，采用中央与地方、国家与私人共同承担的方式，从而提高农村公共产品的供给效率①。

樊丽明研究了我国体制转型阶段教育、基础设施、体育和社会救助等准公共产品存在的供给方式与发展条件，讨论了我国公共产品供给机制的演化，提出了改善我国公共产品供给状况的途径。认为公共产品的供给不外乎通过三种方式实现：政府供给、市场供给及自愿供给。各个主体，有着各自的原则、方式及筹资方式，提供类型不一的公共产品②。王名、刘国翰、何建宇将社团产生和发展的原因归结为其能够以更高的效率供给一些公共产品，大众在公共产品需求上的多元化与迫切程度分别是社团分类、社团规模的决定性因素③。张昕研究了 20 世纪 90 年代之后全球所存在的政府再造运动，指出这种行为根本来说就是破除政府官僚体制在提供公共产品与服务中的绝对垄断，从而解决因政府一直增长而造成的财政危机，适应大众逐渐增长的公共需求。在新混合经济的制度框架下，社会大众、市场经济及国家三者形成了分工和协作的关联性结构形式。这既利于审视政府干涉的规模与范围大小，还利于显示政府再造运动的发展趋势——公共产品与服务的可抉择供给体制④。

徐小青（2002）、王小林、苏允平（2002）三位都在其文章中指出，多元化才是未来农村公共品产品供给发展的最终归宿。而多元化的主体至少包括了政府、乡镇大型企业以及合作经济组织。

---

①　熊巍. 我国农村公共产品供给分析与模式选择［J］. 中国农村经济，2002（7）.

②　樊丽明. 中国公共品市场与自愿供给分析［M］. 上海：上海人民出版社，2005.

③　王名，刘国翰，何建宇. 中国社团改革——从政府选择到社会选择［M］. 北京：社会科学文献出版社，2001.

④　张昕. 走向公共物品和服务的可抉择供给体制——当代政府再造运动述评［J］. 中国人民大学学报，2005（5）.

其中，政府承担主要规划者的职责，须制定完善合理的政策①。这时，农民的定位就被准确归为消费者行列，他们有监督和选择的权利，可以合理地表达他们的需求及意见②。

七、对农村公共产品供给模式的创新研究

张军在农村公共产品供给模式问题上探讨较为深入，他认为，改革开放之后农村的发展是导致农村公共产品供给制度诱导性变迁的原因，接着进行了实证分析，结果显示上述变迁分为三个方式与主导模式，即政府主导型、民间合作模式和私人模式。他还具体分析了决定上述变迁的主要因素，对决定农村公共产品供给模式的实现条件有了进一步理解③。

针对不同的农村公共产品的不同特性，学者们给出的模式主要有：政府直接投资外部效益明显、收费困难或成本过高的公共产品；由政府主导、法人团体以商业方式运作自然垄断性较强、单位投资额较大和具有一定的私人性质的公共产品；企业直接参与经营供给，例如农村医疗卫生的准公共产品；私人资本主导供给如电力、邮政、乡村医院具有一定程度的自然垄断性与收费性的公共产品；另外，还存在合作型、乡镇企业自供型、外资捐助以及冠名权转让型等提供模式④。

八、关于农村公共产品与农村贫困、地区增长差异关系的研究

经济学理论告诉我们，经济决定财政，同时财政反作用于经

---

① 徐晓青. 中国农村公共服务 [M]. 北京：中国发展出版社，2002.

② 王小林，苏允平. 西方公共服务制度安排对中国农村公共服务改革的启示 [J]. 农业经济，2003（8）.

③ 张军，何寒熙：中国农村的公共产品供给：改革后的变迁 [J]. 改革，1996（5）。

张军，蒋琳琦. 中国农村公共品供给制度的变迁 [J]. 理论视角，世界经济文汇，1997（5）.

张军，蒋维. 改革后农村公共产品的供给：理论与经验研究 [J]. 社会科学战线，1998（1）.

④ 王周锁. 农村公共产品供给及模式创新研究 [J]. 陕西农业科学，2005（3）.

济，特别是在市场机制不完善的情况下，财政对经济的反作用更明显——从一定角度来讲，公共产品是私人有效投资的先决条件。樊胜根、张林秀（2003）等运用历史数据资料对农村公共产品投入在经济发展与解决贫困等方面起到的作用与程度进行了分析；他还对乡村进行实际调查，从制度保障入手研究了选举结果对农村公共产品供给的影响。结果显示，公共产品投资增长率的不同既是造成地区间经济增长不同的主要原因，还对农民生产性投资行为起着重要作用①。李秉龙（2003）等通过实证研究，对我国贫穷地区县乡财政赤字对农村公共产品供给水平与规模的影响进行了分品种、分地区、分赤字程度的分析。结果显示，农村公共产品中财政赤字风险最大的负担者是农村基础教育②。

九、关于农村税费改革的研究

农村税费改革是我国农村财政收入制度改革的主要内容，但是税费制度改革又涉及政府机构、义务教育、村级事务等多个方面。对于农村税费改革，众多学者和实务界人士在学习、总结各地农村税费改革的试点措施、经验、问题的基础上，对农村税费改革的意义给予了高度评价，认为"农村税费改革，是继家庭承包经营之后农村的又一次重大改革。这一改革，改的是税费，动的是全局"③，此次改革的影响不仅局限于税费制度本身，还为中国农村其他改革找到了突破口，而且会对未来中国农村的发展产生巨大影响④，农村税费改革既然提出，就一定要贯彻落实⑤。彭

---

①　樊胜根，张林秀．WTO和中国农村公共投资［M］．北京：中国农业出版社，2003.

②　李秉龙，张立承等．中国农村贫困、公共财政与公共物品［M］．北京：中国农业出版社，2003.

③　宫淑玫．农村税费改革须启动配套改革［J］．人民论坛，2001（2）.

④　王正国．农村税费改革的三重意义及其完善思路［J］．财政研究 2001（7）.

⑤　仲原．坚定不移地推进农村税费改革［J］．中国税务 2000（6）.

艳斌等（2007）利用数据资料分析了辽宁三个县的农村公共产品供给情况，指出税费改革增加了农村居民福利，且没有降低城市居民福利，是典型的帕累托改进。税费改革的推行提高了社会公共资源，尤其是农村社会公共资源的使用效率[①]。

另一方面，也有学者提出"'并税除费'绝不是治本之策，而且如无其他改革配合，它的'治标'效果也不能期望太高，甚至在某种制度环境下，它的中长期效果可能是适得其反的"，必须进行配套改革，防止陷入黄宗羲定律的陷阱[②]。农村税费改革或许会带来不好的影响，由于财力来源的限制，政府除了降低公共产品供给量，就是把公共产品的供给责任转嫁于广大农民。农村税费改革使得基层政府向农民转移负担的途径不再有效，因此，地方政府不得不降低农民的福利，降低农村公共产品与服务的供给量。由此看来，农村税费改革或许会导致县乡财政更加困难，加上地方政府行政体制的不配套，严重制约了农村公共产品的供应[③]，并导致了农村公共产品供给效率的低下。李燕凌（2007）通过对分税制改革之后的农村公共产品供给制度效率的回归分析，发现税费改革政策未能起到缩小城镇居民相对收入差距的效果，很难从根本上减轻农民负担[④]。这些说明了农村税费改革有可能给农村公共产品供给带来的负面影响。

在这之后，随着农村税费改革的推进，大家日渐认识到农村税费改革还面临着一系列的难点，并且遗留了许多问题有待解决[⑤]，有必要对农村税费改革的出路进行探讨。吴朝阳指出，若要

---

① 彭艳斌，王春平，李阳，刘钟钦．税费改革对农村公共产品供给影响的效率分析——以辽宁省为例［J］．安徽农业科学，2007（8）．

② 秦晖．农民中国：历史反思与现实选择［M］．郑州：河南人民出版社，2003．

③ 刘鸿渊．农村税费改革与农村公共产品供给机制［J］．求实，2004（2）．

④ 李燕凌．农村公共品供给效率研究［D］．湖南农业大学博士学位论文．2007．

⑤ 贾康，赵全厚．减负之后：农村税费改革有待解决的问题及对策探讨［J］．财政研究，2002（1）．

将这场轰轰轰烈烈的农村税费改革深入持续下去，在保证农村公共产品充分有效供给的同时，合理确定农村公共产品的总体价格——农村税费水平，切实减轻农民负担，走出"黄宗羲定律"的怪圈，我们势必要对目前农村不规范、不完善的公共产品供给体制进行改革。最为重要的是，中央和省级政府在承担起农村义务教育、医疗、政府活动等公共产品的大部分责任的基础上，还应加大对县乡财政的转移支付力度，同时发行专项国债，用于农村乡镇政府及村委会的债务偿还①。其他学者也提出农村税费改革应配套推进、建立农村地方公共财政体制、整体突破②。

十、关于农村公共产品供给与农村财政体制改革的研究

出于经济发展、扩大内需和国民平等对待的需要，研究者普遍认为需要加大农村公共产品供给力度，"增加政府对农村公共产品供给的资金支出"是其中的重要途径③。同时，农村公共产品供给体制改革要将制度内、外公共产品的成本分摊一并纳入，完善农村公共产品供需衔接机制，建立统一的、规范化的农村公共资源筹集制度④。大部分学者都认识到实现农村公共产品有效供给不是简单的解决某个环节问题，而是一个系统工程，"要解决好农村公共产品的供给问题，就必须改革传统的公共产品的供给模式，创新农村公共产品供给制度、供给方式，实现供给主体、资金来源和供给方式的多元化，克服原有的农村公共产品供给渠道太窄、过分依赖于财政资金和向农民收费的问题，确保农村公共产品的

---

① 吴朝阳，万方．农村税费改革与农村公共产品供给体制的转变［J］．中央财经大学学报，2004（5）．

② 徐增阳，黄辉祥．财政压力与行政变迁——农村税费改革背景下的乡镇政府改革［J］．中国农村经济，2002（9）；朱柏铭，骆晓强．从公共财政角度审视农村税费改革［J］．财经研究，2002（7）．

③ 邓有高，王为民．略论我国农村公共品的政府供给［J］．农村经济，2003（10）．

④ 叶兴庆．论农村公共产品供给体制的改革［J］．经济研究，1997（6）．

稳定供给"①。农村公共产品的有效供给非村民自治制度一体所能完成，而必须以农村行政管理体制、财政体制的改革为前提，并且必须妥善解决由于村民自治制度的推行所带来的农村社区权力体系的新冲突才能达致②。还有学者专门从农村公共产品供给体制角度进行研究，提出供给体制创新的观点，认为农民应该通过某种组织（协会）来直接参与公共产品提供的决策，表达自己对公共产品的选择与偏好③。

十一、农村公共产品供给解决的思路和对策

第一，构建起农村公共财政体系，切实有效解决县乡财政危机。县乡财政要脱困，根本上要扭转我国城乡结构的二元体制，平等财权和事权，精简机构和人员，提高财政资金的使用效率，完善转移支付，强化财源建设，化解县乡债务，建立起真正的民主财政体制。县乡财政体制改革的大体方向为"一级政权，一级事权，一级财权，一级预算权"，并建立与之配套的、自上而下的转移支付制度，从而健全分税分级财政④。基于地方公共产品论的框架下，划分与跟其事权相对称的财权⑤。未来，要加快不动产税的发展，尽快实现省级以营业税为主要财源，县级以财产税为主

---

① 廖清成. 关于农村公共品供给主体多元化问题的思考 [J]. 金融与经济, 2004 (12).
② 黎炳盛. 村民自治下中国农村公共品供给的供给问题 [J]. 开放时代, 2001 (3).
③ 杨震林, 吴毅. 转型期中国农村公共品供给体制创新 [J]. 中国学刊, 2004 (1).
④ 雷原. 农民负担与我国农村公共产品供给体制的重建 [J]. 财经问题研究, 1999 (6); 熊巍. 我国农村公共产品供给分析与模式选择 [J]. 中国农村经济, 2002 (7); 吴士健, 薛兴利. 试论农村公共产品供给体制的改革与完善 [J]. 农业经济, 2002 (5); 何乘材. 农村公共产品、农民国民待遇与农业发展 [J]. 中央财经大学学报, 2002 (11); 陶勇农村公共产品供给与农民负担 [M]. 上海：上海财经大学出版社, 2005.
⑤ 邹江涛. 试论我国农村公共产品供给与农村税费改革 [J]. 当代财经, 2004 (4); 叶兴庆. 论农村公共产品供给体制的改革 [J]. 经济研究, 1997 (6); 李秉龙, 张立承等. 中国农村贫困、公共财政与公共物品 [M]. 北京：中国农业出版社, 2003; 楚永生, 丁子信. 增加农村公共物品的供给协调城乡经济发展 [J]. 农业经济, 2004 (8).

要财源的良好格局①。对于税收增加部分，可以抬高地方的自留比例，在税种的划分上可适当给予地方照顾，如给予县乡财政更多的自主权，保留财产税作为自己的税种是一种可行的方法。从根本上裁减冗余人员，裁并乡镇政府，合并事业单位，减少财政资金的浪费。适当减少涉农资金地方政府的配套比例②。还可以积极创造条件开征社会保障税，环保税等③。

第二，转变城乡分割的二元结构体制。真正扭转我国城乡二元结构体制，转变国家和政府政策转向格局，建立起人民尤其是农村公共产品供给的农民需求表达制度化机制和渠道④和民主的财政机制是关键。较为有效的途径是逐渐将城乡公共产品供给制度统筹化，即要在实现"帕累托改进"及确保不减少城市居民效用的基本前提之下，转移适当城市创造的财富来保证农村公共产品的供给，进而促使农村公共产品的供给水平的提高⑤。

第三，创新农村公共产品供给新体制。张军（2005）认为，农村公共产品可实行多主体投资，建立有效的财政筹资和市场渠道等⑥。改变农村公共产品供求决策机制，决策程序要从"自上而下"逐渐向"自下而上"靠拢，形成乡村民主的公共产品供求机制，以在农村组织中建立村民在公共产品需求上的意愿表达及传导制度等形式，进而真实地体现大多数村民对各种公共产品的需求意愿⑦。赵万水（2005）在我国"自上而下"的农村公共产品决策机制造成的农村公共品供给的过剩与不足并存问题的解决上，

---

① 崔文娟，郭家虎. 增加农村公共产品供给需要从我国财政体制改革着手［J］. 经济纵横，2006（5）.

② 于永臻. 深化财税体制改革，加大新农村建设财政投入力度［J］. 求实，2006（11）.

③ 罗妙成，温晓英. 缓解县乡财政困难的思路与对策［J］. 东南学术，2006（1）.

④ 孙开. 农村公共产品供给与相关体制安排［J］. 财贸经济，2005（6）.

⑤ 江明融. 公共服务均等化论略［J］. 中南财经政法大学学报，2006（3）.

⑥ 张军. 农村公共产品可实行多主体筹资［J］. 农村工作通讯，2005（11）.

⑦ 钟裕民，刘克纾. 农村公共产品供给失衡的原理及整治对策——一种从公共选择理论视角的考察［J］. 晋阳学刊，2005（1）.

指出应当从需求入手，即从供给管理转向需求管理是对农村公共产品供给的重大革新。这里的需求管理采取的是"自上而下"的模式，能够将农村公共产品供给逐步内生化，消除农民对公共产品供给的抵触情绪，大幅提高公共产品供给效率，进而显著提升农村公共品的供给水平[①]。

林毅夫提出，政府应该加大对农村公共产品的投入如电力、通讯、自来水等，在拉动内需的同时，提高农民的生活水平[②]。王国华、李克强（2003）指出，阻碍农民增收的根本原因是农村公共产品的供给不足，应该完善我们农村公共产品的供给体制，加大政府投资，发动和激活民间资本提供公共品[③]。杨震林和吴毅（2004）主张，通过设立专门的组织或委员会让农民直接参与公共产品供给的决策中来，农民能表达自己对公共品的偏好和选择[④]。叶文辉（2004）提出，以村民自治和农村公共产品的需求偏好表达机制相辅相成的观点，是对公共品供给体制改革又一重要探索[⑤]。杨震林和吴毅（2004）认为，建立基于农民的现实利益的村庄非正式组织，形成网络，将分散力量形成一股合力表达和批判公共利益[4]。

第四，有效提高农村公共产品供给效率。吴士健等（2002）深入研讨了如何提高新型农村公共品的供给效率问题，提出了完善农村公共品供给的决策机制，优化公共产品的供给结构，加强农村的税制改革[⑥]。熊巍（2002）运用西方经济学的供给理论和方法分析了我国农村公共产品供给的问题。他认为我国农村现阶段还不具备条件施行公共产品的最优供给模式，同时他还提出了现

① 赵万水.农村公共品的需求管理［J］.农村经济，2005（6）.
② 林毅夫.制度、技术与中国农业发展［M］.上海：上海三联书店，1994.
③ 王国华，李克强.农村公共产品供给与农民收入问题研究［J］.财政研究，2003（1）.
④ 杨震林，吴毅.转型期中国农村公共品供给体制创新［J］.中国学刊，2004（1）.
⑤ 叶文辉.农村公共产品供给体制的改革和制度创新［J］.财经研究，2004（12）.
⑥ 吴士健，薛兴利.试论农村公共产品供给体制的改革与完善［J］.农业经济，2002（5）.

阶段兼顾公平与效率的最优模式[①]。钟裕民，刘克纾指出应当开展行政透明化工作，保证农民的知情权；还应健全公共产品供给的听证制度，确保农民的质询权及参与决策权，逐渐形成农村公共产品透明供给的良好局面[②]。

综上所述，我国学者在农村公共产品供给方面开展了大量且详细的研究，并取得了诸多有益成果，观点也十分值得借鉴。这些有益成果为我们接下来对农村公共产品的供给问题的探讨及解决打下了坚实的基础，并拓宽了视野与思路。在城乡一体化进程中，如何促进农村公共产品的有效供给、提高农村公共产品的供给效率、创新供给资金来源、建立和健全规范的转移支付制度提供了重要理论借鉴，另外，农村公共产品供给体制改革方面的相关研究与讨论，为报告的写作提供了研究素材。

本 章 小 结

本章首先回顾了国内外农村公共产品理论的研究。其中西方国家包括公共产品的概念及分类、农村公共产品的供给主体及供给主体选择理论、供给模式、供给制度、供给效率以及供给效率问题解决对策等方面的研究；而国内除了在我国的特定的环境下对这些方面作了详细研究，还对我国的农村公共产品的现状以及针对这一现状的解决对策做了多方面研究。这些国内外的理论进展为本书的研究提供了重要的参考价值，为进一步研究城乡一体化进程中我国农村公共产品的有效供给及转移支付制度的创新提供了方法上的借鉴和理论上的指导。

---

① 熊巍. 我国农村公共产品供给分析与模式选择［J］. 中国农村经济，2002（7）.
② 钟裕民，刘克纾. 农村公共产品供给失衡的原理及整治对策——一种从公共选择理论视角的考察［J］. 晋阳学刊，2005（1）.

第二章　我国农村公共产品供给制度历史沿革分析

　　农村公共产品供给制度是农村公共产品供给主体为提供农村公共产品而制定的多种具有关联性的规则、制度构成的集合或体系。该体系是能够约束和规范他们行为的契约形式，该体系中每个组成部分具有多项选择，每一组不同的选择就构成了一种新的农村公共产品供给制度。它是公共产品供给制度在农村领域的具体表现形式，其目的在于稳定人与人之间的关系。

　　由于中国农村公共产品供给制度随着各个时期农村微观经济组织、乡村治理模式、财政管理体制等相关制度安排的变化而发生演变，为了便于比较分析，本章按时间顺序将 1949 年新中国成立以来我国农村公共产品供给制度演变的历史分为四个阶段进行分析。第一阶段：新中国成立至人民公社前的时期，即 1949 年到 1957 年；第二阶段：人民公社时期，即从 1958 年到 1978 年；第三阶段：家庭联产承包责任制至税费改革时期，即从 1979 年到 2004 年；第四阶段：税费改革后，即从 2004 年至今。选择这段时期主要是考虑了政权的连续性和所处的社会发展阶段与现在更为接近，因而对农村公共产品供给制度的考察更具借鉴意义。

第一节　新中国成立至人民公社前
(1949—1957 年)

在新中国建立前的漫长时期，我国农村是一种以乡绅为主导的社会治理模式，政府正式制度内的农村公共产品供给几乎没有，从而形成了与以乡绅为主导的社会治理模式和该阶段经济社会状况相适应的传统农业社会公共产品的供给制度。

由于经济社会发展滞后，当时农村公共产品需求包括大型农业水利设施、教育、养老保障、低层次的生态保护、治安和单个家庭成员难以承担的公共生活事务，需求的数量和水平较低。另外，农村公共产品大都由私人部门来提供。但是，在某些地区也出现了个体农户合作提供农村公共产品的形式。对于个体农户无力或不愿私人供给的公共产品，如修塘、水利等非排他性强且投入大的农村基础设施等公共产品，牲畜、农具等非竞争性强且投入多的农业生产型公共产品，大多由个体农户合作供给。可以说，这种农村公共产品供给制度实现了乡村治理主体、公共产品供给主体以及受益主体的一致性，[1] 在当时的经济、社会状况下是具有效率的。这种农村公共产品供给制度由于供给主体主要是以个人和小规模的合作组织作为主体，由于在地域上的局限性很大，供给主体的财力有限，所以在供给内容上仅能限于满足生产生活所必需的小型公共产品。

由于长期以来中国农村生产生活环境十分落后，即使新中国成立后，政府实行土地改革，农民得到了土地所有权，其生产积

---

① 郭瑞萍. 人民公社缘起的制度经济学解释——从农村公共产品供给制度变迁的角度［J］. 西北大学学报，2005（6）.

极性大大提高。但改革后仍旧实行分散式小农经济的生产方式，加上国家资金投入匮乏，导致农民日常作业必需的生产工具与水利等基础设施供给不足。例如，相关统计数据显示，自土地改革之后，农村居民每户平均拥有 25 亩耕地、0.54 部耕犁、0.64 头牲畜和 0.1 部水车，农村劳动力人均仅拥有 7 亩左右的耕地[①]。

因此，土地制度改革之后农村的农业生产活动，不但极度依赖于一些必需的农村公共产品，而且因为国家财力不足，地方政府无法对这些农村公共产品进行有效供给，另外，土地制度改革导致的农户生产资料的均等化也决定了私人部门无法继续提供农村公共产品。这严重阻碍了农业的发展，同时也对依赖农业剩余作为发展保障的工业发展产生了较大影响。因此，在人民民主专政和社会主义改造背景下，中国共产党通过各种互助合作的形式进行了农业的社会主义改造，主要形式有互助组、初级社和高级社。

采取互助组的形式，以往阻碍农业生产活动的必需公共产品如犁、耕牛、水塘等已经解决，互助组农户自愿的共享上述农业生产的必需公共产品来进行生产活动。土地改革结束时，全国已有 802.6 万个互助组，参加农户占农户总数的 39%[②]。但农业生产的进一步发展需要更高层次的公共产品，如较大范围的水利设施、较大型的农业生产机械、新型技术、农田规模利用等的支持，互助组由于组织规模较小，无力对这些公共产品进行有效供给，因此，农村公共产品供给制度必须进一步改革完善。假如仍要采取合作的形式提供公共产品，就需要更多的人进行合作才能提供这些公共产品，也就是说提供这些公共产品的组织在进行更多人、

---

① 王书军．中国农村公共产品供给主体及其供给行为研究 [D]．华中科技大学博士学位论文，2009.

② 李海涛．新农村建设背景下农村公共产品供给效率研究 [D]．东北林业大学博士学位论文，2010.

更多次博弈之后他们的意愿才有可能达成统一，甚至根本无法达成意愿的统一，进而导致采用合作形式来提供这些公共产品的费用过大，这时政府采取强制措施促使提供这些公共产品的组织形成则可以花费较少的费用。然而，若政府采取强制措施令农民利用共同决策、集体生产、共同使用的合作形式对公共范围不断变大、公共程度不断提高的农村公共产品进行供给，就会形成对土地等农业生产资料及农村劳动力统一使用的要求（比如大型耕具唯有许多农民合作才能对其支付，且这些耕具的使用必须把农民拥有的耕地统一起来才会产生规模效应；修建大型水利设施也必须以较多生产资料为基础，还需要较多农村劳动力生产的统一化及更大的适用范围），要满足上述要求就必须对土地使用权进行集中管理，这样采用土地入股方式的初级社便是那一阶段国家理性选择的、有效的农村公共产品供给形式。

初级社是初级农业生产合作社的简称，是在互助组的基础上发展起来的。初级社在自愿互利的原则下将私有土地等生产资料统一使用，农业收益按照社员土地质量、其他生产资料投入、劳动投入等进行分红。与互助组相比，初级社最大的不同是实行土地等生产资料的集体经营，实行按劳分配，初级社因而变成了入社农户所有产品的合作供给模式。

农业生产合作社由初级变为高级的转折点是耕地与相关生产资料的公有化，集体享有其所有权。因为高级社是把原本归于初级社的相关生产资料进行公有化，另外国家在极短时期内进行了高级社改革，因此，对农民的利益影响没有立刻显现，故广大农民对此的消极态度并不强烈，说白了就是在农民的反应时间之内，快速形成了高级社。1956 年年末，农村中近九成的农户加入了高级社[①]。

---

① 李海涛．新农村建设背景下农村公共产品供给效率研究［D］．东北林业大学博士学位论文，2010.

实际上，以互助合作形式出现的互助组、初级社和高级社，是一种典型的农村合作组织，它在这一阶段农村公共产品供给中承担着主要供给者的责任。一方面，在新中国成立初期通过互助组的形式，解决了制约农业生产发展的犁、耕牛、水塘等最基本的公共产品，另一方面，通过发展初级社，垄断了使用耕地及相关生产资料的权力，农户无法继续私自进行农业生产，一切产品在初级社或高级社中才可以获取，因此农业生产合作社变成了入社农户所有产品的合作供给模式①，相应的一些区域性的公共产品，如小型灌溉沟渠、医疗、教育等均通过初级社来组织和实施。

因此，从 1949 年至 1958 年间，在农村公共产品供给中以合作互助形式存在的互助组、初级社和高级社是起主要作用的，政府承担的更多的是宏观层面的组织管理任务以及提供部分全国性的必需的公共产品。受经济条件限制，与农业生产和农民生活的迫切需要相比，这一时间的农村公共产品供给范围是非常狭隘的，但这种供给主体结构与整体的社会经济状况和农业实际是相对适应的。

第二节　人民公社时期（1958—1978 年）

20 世纪 50 年代末，中央对外颁布《中共中央关于在农村建立人民公社问题的决议》（简称《决议》）。该《决议》颁布以后，全国范围内立刻兴起了人民公社化运动。两个月之后，我国 70 余万个农村合作社变为两万多个人民公社，一亿多农户加入人民公社，占比超过了我国农户总数的 99%，全国农村基本上实现了人民公社化。人民公社快速取代合作社是国家为保证工业化所需原始积

———————————

① 阎坤. 中国县乡财政体制研究［M］. 北京：经济科学出版社，2006.

累做出的一项强制性制度安排。人民公社化时期后，确定了政社合一的体制，公社实行党政不分、政经统管，既是农村经济管理组织，又是一个基础政权组织，人民公社同时拥有政治、经济、文化权利，还可以支配大多数农村劳动力、生产资料以及资金，对下面的生产大队与生产队进行行政化管理，构成"三级所有，队为基础"（三级即人民公社、生产大队、生产队，核算的基本单位是生产队）这一所有制结构。在分配体制上，实行工分制，要求农民的劳动成果归集体所有，在扣除各种费用之后的剩余部分以工分为权数分配给公社的社员。1958—1978 年间就是我们所指的"人民公社时期"[①]。

人民公社时期的农村公共产品供给主体十分单一，除了少量公共产品如大型水库和大江大河的治理等由国家财政出资安排之外，其余大量公共产品都由基层单位（主要是由人民公社、生产大队、生产队）自主筹资和提供，基本不存在其他诸如私人供给、第三部门等供给主体。在此期间，人民公社主要负责提供本地区的农业水利工程、农业技术推广、农业机械、畜牧兽医、医疗卫生、农村教育等公共产品。这一点可以从人民公社的机构设置中得到验证，如人民公社一般都设有农技站、水利站、农机站、文化站、畜牧兽医站、供销合作社、卫生院等工作部门。

人民公社时期，公社内部是提供农村公共产品的主要财源，同时政府也划拨极其少量的财政资金。农业生产和生活所需的公共服务，主要是通过社区内部资金筹集来实现的，这一筹措方式与当时高度集中的政治经济制度密切相关，在这种背景下，由人民公社来支配及调用集体资金，将其分配给各种公共服务领域。另外，衡量农民劳动的标准采取工分制，人民公社采取政治动员

---

① 李海涛. 新农村建设背景下农村公共产品供给效率研究［D］. 东北林业大学博士学位论文，2010.

的方式促使公社成员加入到与农业生产有关的公共服务领域，资本用劳动来代替，成为人民公社制度下独有的筹资形式。即制度外筹资方式，它通过税收以外的方式间接地从生产集体筹集经费，用于农村公共产品的成本支付。上述筹集形式是人民公社时期的分配制度所决定的。这里的"制度外"，说的是在"正规的财政制度之外"，是公共部门或者集体经济组织在农村公共产品供给上的筹资形式不包括在正规的财政体制之内，而不是用来表明该筹资形式不符合法律规定[①]。

　　如表 2-1 显示，在人民公社制度下，农村公共产品的供给不仅依靠公社财政，还得依靠农民进行自我提供。政府通过行政命令的方式组织、动员农村劳动力来承担农村公共产品供给。其成本主要包括物质成本和人力成本。用劳动代替资本是人民公社时期农村公共产品的突出特征，可以说，人民公社依靠它所掌握的对劳动力、资本和生产资料的支配及管理权利，加上广泛的政治动员及强制性行政手段导致劳动对资本的替代程度极高。

表 2-1　人民公社时期农村公共产品的筹资渠道

公共产品项目	筹　资　渠　道
所有水利工程	新中国成立 30 年兴修的水利工程，国家总投资共 763 亿元，而社队自筹及劳动积累，估计达 580 亿元
小型农田水利工程	社队自己有力量全部负担的，自筹解决，国家不予补助；资金有困难的，根据困难大小给予补助
农、林、水、气象事业费	国家预算和集体资金共同负担
中小学经费	教育部门举办的农村中小学经费以国家预算拨款为主，杂费、勤工俭学以及地方财政安排的自筹资金为补充；社队办学以公社社有资金、杂费收入和勤工俭学收入为主，国家给予一定的补助

---

①　张晓琳．当前我国农村公共产品的有效供给研究［D］．中国海洋大学硕士学位论文，2011.

续　表

公共产品项目	筹　资　渠　道
卫生事业	社办卫生院实行"社办公助"，主要依靠公社力量，国家给予必要的补助；农村合作医疗由大队统筹全队农民的医疗费用，基本医疗服务费主要由社区集体承担；国家财政安排合作医疗补助费，用于培训医务人员的经费开支和支持穷队举办合作医疗；大队卫生所几乎全部依靠集体经济的支持
文化事业	实行"社办公助"，以公社社有资金为主，国家预算支出给予适量补助
抚恤和社会救济	除国家预算安排的抚恤和社会救济费外，公社要自行安排一部分社会救济和社办敬老院等福利事业的支出

资料来源：樊宝洪，王荣，张林秀等. 基于乡镇财政视角的农村公共产品供给状况及分布特征［J］. 江苏社会科学，2006（6）.

人民公社时期，国家或集体在绝大部分经济资源上都形成了垄断，不管是公共品或者私人消费品，一律由公共部门进行供给。因为广大农民在经济方面不具有自主权，且他们十分同质，很少对公共品产生主动性的需要，在需求上较为统一，[①] 所以那时是由人民公社或者生产大队（跨区域的公共产品由上级部门）代表广大农民来表达对公共产品的需求，提供哪些公共品，提供的数量，都是由上级政府和公社决定，农民（这时也称社员）成了完全被动的接受者。公共产品的供给决策机制无疑是由各个层级的政府依靠其从政治、经济方面的理性考虑由上而下做出决策。政府不但充当农村公共产品供给的决策者身份，还充当生产制造者与管理者身份。农村公共产品的使用（分配）是一个相当弱化的过程，实行"大锅饭"的方式，在特定的历史时期，此形式会起到正面作用。

此外，还值得称道的是 20 世纪五六十年代人民公社在农村推

---

① 林万龙. 中国农村社区公共产品供给制度变迁研究［M］. 北京：中国财政经济出版社，2003.

行的"合作医疗"和"赤脚医生"等医疗保健制度，到 1978 年，全国有 80％的村庄实行了医疗费减免，农村医疗保障体系覆盖率曾达到全国大队的 90％[①]。从而在我国广大农村基本实现了"小病不出村，大病不出乡"的目标，被世界卫生组织和世界银行誉为"以最少投入获得了最大健康收益"的"中国模式"[②]。

总体上说，在当时的政治、经济和社会环境约束下，人民公社时期农村公共产品的供给是较为高效的。当然，它也存在着供给主体十分单一，供给总量不足，供给主体根据政治理性和经济理性提供公共产品，农民无法表达其意愿等诸多问题。

第三节　家庭联产承包责任制至农村税费改革前（1979—2000 年）

1978 年的十一届三中全会后，我国农村确立了以家庭承包责任制为主的农村经济体制。这一时期与人民公社时期大不相同，国家或集体不再主导一切，农民及家庭再次获得了经济生活中的主体地位，推动农民从被动的生产变成了主动的生产经营，将农民纳入了市场主体之中。在家庭承包制度下，农民拥有了自主经营权，成为农业生产自主支配者，打破了大锅饭，极大地激发了农民从事农业生产经营的积极性，促进了农业和农村的发展。在农村生产力得到极大解放的同时，农村公共产品供给体制也发生了较大的变化。

家庭承包责任制时期，农民掌握了生产经营权、劳动自主权以及剩余索取权。同时逐渐出现了多元化的公共产品需求，身为

---

① 罗宏磊. 农村公共产品供给主体失衡及对策研究——以 S 镇为例［D］. 湖南师范大学硕士学位论文，2008.

② 李和森. 农村医疗保障制度研究［D］. 山东大学博士学位论文，2005.

"理性人"，遇到对自己利益无关的公共决策时，无疑会存在"搭便车"的现象，交易成本过高，且向外表达他们对公共产品的真正需要也并非易事。公共产品的供给基本上延续了政府依据自身偏好"自上而下"的决策方式，农民在供给过程中没有实质性的参与决策权，公共产品的供给很难反映出农民的需求偏好，政府作为"经济人"出于理性，在农民需求多元化的情况下，凭借自己在政治、经济上占有的主导地位，必然将实行对自身偏好有利的公共产品供给决策机制，寻求最大利益，将公共资源分配到适应自身政治、经济上需求的公共产品供给中。造成了一方面是大量的公共资源浪费，另一方面农民迫切需要的公共产品得不到满足。

随着承包制条件下市场经济的发展，集体经济框架被打破，同时也打破了供给主体的单一性，政府承担主要的公共产品供给责任的同时，出现私人和专业组织供给。这些新的供给方式可以随着农民的需要变化而随时更新，有效弥补了政府供给政策的不足。这表明了私人代替政府提供公共产品的可能性，农村的公共产品完全可以由政府和私人共同承担。家庭联产承包制实施后，人民公社解体了，乡被恢复为一级农村政府，乡镇财政也相应恢复建立。

在这个阶段，我国的经济发展水平十分低下，为了促进经济增长，国家特别侧重于工业的发展，制定出许多城乡分治、工农分离的政策措施，导致农村基层政府资金严重短缺，无法对公共产品提供足额支付，因此制度外筹资方式便随之兴起。尽管公共产品筹资仍延续了人民公社时期的以制度外筹资为主的筹资体制，但外在的制度环境的改变，使得农村公共产品的筹资对象与筹资方式都发生了变化。首先是筹资对象的变化。家庭联产承包制阶段，农户取代集体成为农村社区公共产品进行制度外筹资的主要承担者。因为农村中的主要生产资料均由农户所掌握，同时他们还拥有剩余索取权，所以，就农村基层政府而言，想要保障农村社区公共产品的制度外供给，不得不将主要筹资对象从集体变为农户，进而使得农户变为筹资的直接承担者。

其次是筹资方式的变化。家庭联产承包制时期，农户拥有了生产经营权、剩余索取权与劳动支配权，还变成了基本核算单位。在这种情况下，基层政府想要保障社区公共产品的制度外筹资，除了把收费目标转向农户别无选择，说白了这其实是剥夺了农户的生产剩余，并非对集体收益的再分配。过去的隐性剥夺被公开化了①。

上述筹资机制主要是指承包责任制时期的情况。在农村税改之前，中国农民负担的一般组成包括：税收；"三提""五统"；行政事业性收费、教育集资、农村生产与公益事业集资，还有各种摊派罚款与收费；农村劳动力每年应依法承担的义务工与积累工。从其构成可以看出，此时农民的负担已经货币化，并且明确落实到每个家庭和个人身上，农民清楚自己的负担。但与人民公社时期一样，农村所需的公共产品的成本依然是由农民自己承担的，即政府利用农民所交的各种费提供他们所需的公共产品②。

概括来讲，家庭联产承包责任制时期，与政府或集体经济组织不同，农民不仅变身经济利益相对独立的市场主体，还产生了多元化的公共产品需求。由于经济社会的不断进步，特别是市场经济的逐渐完善，各种中介组织逐渐随之兴起，同时涌现出许多有能力提供公共产品的私人公司与企业。同时，由于农民拥有越来越多的生产和生活资源，对公共产品的主动性需求增强，从而通过自主联合来提供公共产品的行动也就会更多。然而因为当时

---

① 王书军. 中国农村公共产品供给主体及其供给行为研究 [D]. 华中科技大学博士学位论文，2009.

② 陈第华. 论农村公共产品的有效供给——基于多元供给的路径分析 [J]. 理论研究，2007（5）.

的农作制度存在分散性特点，激励不足，对农村公共产品供给并没起到太大的正面影响，导致农村公共产品供给成本日益增大，农民各方面的负担逐渐增多，城乡差距进一步扩大，严重影响了农民生活水平的提高和农村的稳定。

第四节　农村税费改革后 (2000 年至今)

1998 年，我国局部地区对农村税费进行试点改革，2001 年在安徽开展全面改革，到 2003 年农村税改在全国范围内得到了统一开展，其主要改革有两方面：一是废除城乡统筹费、农村教育集资等只针对农村收取的行政事业性收费与政府性基金、集资，废除屠宰税，废除劳动积累工与义务工的规定，对农业税和农业特产税政策做出改变，对村提留征收使用办法进行了创新。[①] 进而完善了农村公共产品筹集机制，使得规范化的农业税及其附加与以"一事一议"为特点的赋税制度得以实施。到 2006 年，我国彻底废除农业税，延续了两千多年的"皇粮国税"从此退出历史舞台，直接减轻农民负担约 500 亿元。二是中央与地方政府相应的财政转移支付缓解地方财政压力。农村税费改革是对国家、集体和农民三者之间重大利益的调整，目的是减轻农民负担，补偿由于过去长期实行的城乡二元体制而对农民的过多剥夺。[②]

农村税费改革减轻了农民的负担，增加了农民的收入，生产的积极性有了很大的提高，改善了政府与农民的关系，稳定了农村社会，其取得的成就是巨大的。但是，却带来了农村公共产品供给的危机。由于失去税外收费的依据，许多县乡又都遗留着大

① 林善浪．中国农村土地制度与效率研究 [M]．北京：经济科学出版社，1999.
② 方东荔．税费改革后我国农村公共产品的有效供给研究 [D]．福建师范大学硕士学位论文．2006.

量的债务，财政更加困难，难以承担起供给农村公共产品的重任，农村公共产品的供给主要靠"一事一议"来解决，具体说来，一是自上而下财政转移支付为基础的公共财政性质的公共产品供给，二是以农民社区组织为基础的公共产品供给。目前公共产品的供需矛盾比较突出。

首先从供给的主体来看，乡镇等基层政府在公共产品供给中的能力有所减弱，中央政府和农村社区成为主要供给主体。取消农业税之后，中央明显加大了对农村公共事业和公共产品供给的投入力度，这种投入主要有两种途径，一是通过专项拨款直接由中央来负担某些项目的供给，如义务教育、乡村道路建设、新型合作医疗补助、土地开发基金；二是由中央和省市向县乡进行转移支付，以增强县乡供给农村公共产品的能力。[①] 另一个供给主体就是农村社区，农村税费改革后，村级公共产品实行"一事一议"，这事实上是一种农民自愿合作供给农村公共产品的方式。

从资金来源来看，税费改革后农村公共产品供给的资金来源主要是县乡级以上的专项资金和群众集资。由于各项摊派被禁止、债务罚款被锁定，乡镇用于支持农村公共产品的资金大幅度减少，在取消了各项预算外资金后，上级的行政补助仅能维持机关的日常开支，供给公共产品的能力大大削弱。

从公共产品的决策方式来看，表现为自上而下和自下而上相结合的决策方式。专项资金实质上体现的是工业对农业、城市对农村的反哺和保护，它一般需要下级政府向上级掌握专项资金的部门申报，这实质上是公共产品供给权力的上移；"一事一议"制度，是为了在杜绝农村集资摊派的同时，不至于使得农民需要的某些村级公益事业缺乏资金来源，它要求在开展某项集资活动之

---

① 陈朋. 后税费对代农村公共产品供给摸式与制度设计研究 [D]. 华中师范大学硕士学位论文，2007.

前，必须征得村民一定比例的同意，这样便有利于实现供给和需求高度匹配。

通过以上对我国农村公共产品供给的历史变迁的回顾和分析，我们发现改革开放前，在政府的强力支持下，农村公共产品的供给虽然缺乏效率，毕竟也供给了一些适应农村居民需要的公共品，为农业发展提供了一定的保障；1981 年之后，国家开始推行家庭联产承包责任制，显著地增加了农民收入，而集体经济则极度减少，具有分散性特点的个体生产方式导致农村公共产品供给的激励机制严重不足，公共产品的提供主要是政府主导下的制度外供给，由地方和农民共同提供，大部分是农民自己出资提供的，这无疑加重了农民的负担，导致农村公共产品供给失衡；税费改革后，随减轻农民的负担，却又带来了基层财政困境。在国家经济实力显著增强的情况下，对农民、对基层的支持上不足够，虽有转移支付，但尚没有建立起以规范的公共财政支农体系，难以真正解决财政缺口，地方政府无力提供农村公共产品，也无力筹集农村公共产品生产的资金，从而使当前农村公共产品的供给出现严重短缺，不能实现有效供给。

本 章 小 结

本章主要对我国农村公共产品的供给体制在新中国成立后半个多世纪的历史演变进行了考察。在这半个多世纪里，我国农村基本经济制度——土地制度经历了从"土改"的个体农户所有制到人民公社的集体所有制，再到"集体所有，个体经营"的家庭联产承包制三次"革命"。基本制度的变迁必然会对农村公共产品的供给体制产生重大影响，进而推动其变迁。从"土改"到人民公社，农村公共产品供给体制经历了从私人合作供给到政府单一主体供给的制度变迁，在这一制度变迁过程中，尽管存在个体农户由于生产资料的平均化带来的对公共产品联合供给的诱致性需求，但更多的体现的是国家发展工业化战略需要的强制性推进。因而，人民公社时期，国家实行的单一供给体制其实就是拥有促进工业目标、公共供给形式、农民合作提供实质的一种新的供给制度。表现为制度内决策、制度外筹资的一种特殊模式的政府供给。自国家进行家庭联产承包制改革之后，生产经营权、劳动自主权以及剩余索取权均回归个体农户，那一时期，他们与政府与集体经济组织不同，是有着独立利益的市场主体。农村公共产品供给体制则逐渐变得多元化，从政府单一供给主体变为政府、私人与社区和第三部门供给。

第三章　农村公共产品供给的现状分析
——以山东省为例

农村与城市的根本差别，既不是简单的生产方式的差别，也不是纯粹的收入水平的差别，而是城市与农村公共产品有效供给水平的差别，这也是导致农村发展能力不强的最根本因素。本章以山东省为研究背景，首先分析农村公共产品的供给效率现状，然后对各区域之间公共产品供给的差异进行衡量与分析。

第一节　农村公共产品供给效率分析
——基于线性回归模型分析

一、农村公共产品供给效率的实证分析思路

这里，我们构建衡量公共产品供给效率的模型不同于以往的研究。我们是沿着这样的思路展开的：首先，从马克思的社会再生产的四个环节"生产—分配—交换—消费"来看，公共产品的供给实际上已经涵盖了前三个环节，原因是公共产品供给的内涵本来就包含了"生产、经营、维护"，因此，在公共产品供给之后无疑会有消费行为的产生，由于"消费是生产的目的"，所以从消

费行为出发测度公共产品供给效率的高低。其次，评价中国农村公共产品的供给效率，实际上就是考察是否接近于实现"均衡的供求状态"，而均衡的供求状态即意味着供求的均衡，从消费角度衡量公共产品的供给均衡，实际上就是考察公共产品供给是否满足了大众的消费需求。大众在消费上拥有多元化的需求，即包括公共产品也包括具有私人性质的产品。若将私人产品当作参照物，假如私人产品消费变多但公共产品消费不变或者变少，那么这基本就反映出公共产品供给并没有使得大众的消费需求得到满足，也就是非均衡，而非均衡的程度将表明效率低下的程度。再次，从消费角度考察公共产品的均衡状况，还需要思考引起消费数量改变的长期的主要影响因素即收入。结合上面的探讨，下文研究的大体思路为：首先对收入变动导致的公共产品与拥有私人性质的产品消费需求变动进行探讨，接着研究与私人产品区别开来的公共产品供给对大众消费需求满足程度，而满足程度的高低便直接反映了公共产品供给相对效率的高低。最后，我们还需要将前面的分析假定在公共产品消费是关于收入的增函数基础之上，而且公共产品的收入需求是富于弹性的。这样的假定从一般情况来看是符合实际的，因为，收入水平提高对于公共产品的消费的确具有较大的正效应且大多数的公共产品为正常商品而非低劣商品。

据此，我们可以构建这样的模型：

$$X_i = aY + c \tag{3-1}$$

其中，Y 代表农村居民的收入水平，X 代表农村居民消费的产品；i 代表农民消费产品的种类，其中包含公共产品和私人产品；a 是边际消费倾向；c 是自发性消费。

为了消除非线性相关对模型回归分析的影响，对公式（3-1）作对数变换后，有：

$$\ln X_i = a\ln Y + c \tag{3-2}$$

二、农村公共产品供给效率的实证分析过程

（一）数据说明

根据目前的统计资料，我们的数据主要来自于《山东统计年鉴》，其中农民收入的统计口径为农村居民人均纯收入，而消费品支出的统计口径为食品、居住、衣着、文化教育娱乐、医疗卫生保健、家庭设施及服务、交通运输和通讯等七类消费品的支出，在这七类消费支出中，我们可以近似地理解文化教育娱乐、医疗卫生保健、交通运输及通讯为公共属性较强的商品，而其余部分则为私人属性较强的商品。各变量之间具有排他性，通过农民生活消费结构的分析评价公共产品供给水平。具体情况参见表 3-1。

表 3-1　山东农村居民纯收入与消费支出结构（1997—2011）

年份	农村居民纯收入	食品支出	居住支出	衣着支出	文化教育娱乐支出	医疗卫生保健支出	家庭设施及服务支出	交通运输及通讯
1997	2292.12	871.73	215.97	131.25	149.40	71.26	98.03	64.37
1998	2452.83	820.35	225.37	116.37	156.34	84.64	92.05	78.64
1999	2549.56	820.76	252.34	113.77	182.09	89.64	106.76	90.33
2000	2659.20	781.89	299.76	117.51	207.87	118.69	114.94	101.64
2001	2804.51	802.61	361.36	121.85	224.07	114.94	91.42	133.12
2002	2953.97	840.68	339.47	130.26	256.28	127.59	96.30	155.77
2003	3150.49	891.82	341.69	134.30	291.33	138.80	92.17	187.03
2004	3507.43	1000.13	365.97	139.18	298.23	155.85	110.14	221.93
2005	3930.55	1087.65	445.71	159.73	377.16	188.48	136.54	294.37
2006	4368.33	1191.32	548.05	198.12	408.84	221.80	158.73	352.19
2007	4985.34	1369.20	682.13	224.18	424.89	230.84	195.99	422.36
2008	5641.43	1551.77	804.75	250.29	417.27	280.49	240.91	452.55
2009	6118.77	1618.66	945.81	265.59	399.95	301.55	273.77	533.55
2010	6990.28	1804.45	832.95	305.19	421.92	383.89	324.70	649.21
2011	8342.13	2107.07	1126.98	399.82	482.66	508.38	411.59	753.05

数据来源：《山东统计年鉴》。

（二）数据分析过程

依照公式（3-1）及表3-1中的数据指标，运用 Eviews6.0 统计软件，进行回归分析的结果见表3-2。

表 3-2　农村居民收入与农民生活消费支出结构的回归方程参数表

依照公式（3-1）计算的结果						
解释变量	被解释变量	a	c	R^2	S. E.	D. W
农村居民纯收入	食　品	0.226401 (31.23253)	223.6098 (6.777187)	0.986848	50.3718	0.537631
	居　住	0.152893 (18.01296)	−120.3510 (−3.115128)	0.961478	58.98207	1.834202
	衣　着	0.045572 (23.75372)	−3.449957 (−0.395068)	0.977479	13.33176	0.940650
	文教娱乐用品及服务	0.053890 (7.118282)	87.79125 (2.547694)	0.795822	52.60778	0.283682
	医疗保健	0.066082 (29.14574)	−75.30717 (−7.297206)	0.984927	15.75527	1.166108
	家庭设备用品及服务	0.052777 (18.60653)	−51.17118 (−3.963474)	0.963809	19.71040	0.390125
	交通通讯	0.118011 (39.51421)	−194.3143 (−14.29436)	0.991743	20.75325	1.255510

　　说明：c为常数项；a为被解释变量前的系数；R^2为相关性的判定系数，越接近1，数据拟合得越好；D. W为德宾—沃森检验值在（0，4）之间，其越接近2，残差与自变量越互为独立越好；S. E. 为回归标准差，越小越好；括号中的数值为T检验值。

同样，根据公式（3-2）及表3-1中的数据，进行回归分析，得到以下结果，见表3-3。

表 3-3　农村居民收入与农民生活消费支出结构的回归方程参数表

| 解释变量 | 被解释变量 | 依照公式（3-2）计算的结果 | | | | |
		a	c	R^2	S. E.	D. W
农村居民纯收入	食　品	0.849085 (407.3842)	0.475622 (1.377183)	0.959944	0.066717	0.403399
	居　住	1.283628 (19.25565)	−4.483079 (−8.136725)	0.966126	0.103185	1.222104
	衣　着	0.961772 (17.45965)	−2.790783 (−6.129761)	0.959099	0.085265	0.721711
	文教娱乐用品及服务	0.877144 (8.205169)	−1.562653 (−1.768616)	0.838157	0.165469	0.280619
	医疗保健	1.383782 (25.17929)	−6.279540 (−13.82476)	0.979907	0.085066	1.035888
	家庭设备用品及服务	1.191735 (13.02200)	−4.838751 (−6.397134)	0.928795	0.141656	0.572330
	交通通讯	1.900448 (16.51088)	−10.26781 (−10.79310)	0.954483	0.178164	0.298316

三、农村公共产品供给效率的实证分析结论

在表 3-2 中，依照公式（3-1）计算的结果显示：a 为农民边际消费倾向，它估计的是农民收入每变动 1 元时，消费支出相应的变动数额；c 为农民自发性消费，它表明了即使在农民没有任何收入的情况下，仍然需要消费这些数额的产品。从农民收入与七个方面消费支出的回归分析结果来看，所建的模型均基本通过了 T 检验，且相关性判定系数较高。其中，食品、文教娱乐用品及服务两个方面的自发性消费为负值，而其余五个方面的自发性消费为正值。这表明：第一，当农民收入为零时，他们必须要消费的是食品和文教娱乐用品及服务，其中食品属于私人属性较强的商品，文教娱乐用品及服务属于公共属性较强的商品；第二，因为居住、衣着、医疗保健、家庭设备用品及服务和交通通讯为负消

费，所以只有农民收入达到一定水平后才会消费，其中居住、衣着和家庭设备用品及服务属于私人属性较强的商品，医疗保健和交通通讯属于公共属性较强的商品。在上文分析思路中我们有以下说明：选取私人产品为参照物，通过考察收入变化引起的公共属性产品和私人属性产品的消费需求变化的相对状况，来分析相对于私人产品的公共产品的消费需求满足程度，这种满足程度的高低意味着公共产品供给的相对效率高低。

因此，我们得出以下结论：农村公共产品供给所发挥出的效用水平与私人产品的效用水平是相当的，这说明山东省农村公共产品的供给效率相对于其私人产品的供给效率还是比较理想的。

依照公式（3-2）计算的结果显示：a 为农民的需求收入弹性，它估计的是农民收入变动 1％时，消费需求变动的百分比情况。从对数回归方程分析的结果来看，相关性判定系数较为接近 1，且均通过了 T 检验。其中食品、衣着和文教娱乐用品及服务三个方面的消费需求收入弹性小于 1，即缺乏弹性，而食品、衣着是属于私人属性较强的商品，文教娱乐用品及服务是属于公共属性较强的商品；居住、医疗保健、家庭设备用品及服务和交通通讯四个方面的消费需求收入弹性大于 1，即富于弹性，其中，居住、家庭设备用品及服务是属于私人属性较强的商品，医疗保健、交通通讯是属于公共属性较强的商品。这表明，随着收入的增加，农民对于公共产品的需求意愿与对于私人产品的需求意愿是相当的。

若按农民相对需要的程度排序，则从高到低的顺序为：交通通讯、医疗保健、居住、家庭设备用品及服务、衣着、文教娱乐用品及服务、食品。其需求收入弹性依次为：1.900448、1.383782、1.283628、1.191735、0.961772、0.877144 和 0.849085。这表明，农民对于交通通讯和医疗保健这两类公共属性较强商品的需求意愿高于其他几类商品（其中主要是私人属性较强的商品），因此，也可以说随着收入的增加，农民对于公共产品的需求意愿还是略高于私人产品的需求意愿，但因相差不大，我们还是认为农民对于两种产品的需求意愿是相当的。

因此，随着收入的增加，农民对于公共产品的需求意愿与对于私人产品的需求意愿是相当的，这也说明山东省农村公共产品的供给效率相对于其私人产品的供给效率还是比较理想的。

结合表3-2和表3-3中的数据，可以发现：尽管交通通讯、医疗保健、居住、家庭设备用品及服务的需求收入弹性大于1为富于弹性，而它们的边际消费倾向却很低，分别为0.118011、0.066082、0.152893和0.052777。这说明，农民在这四种产品上的需求意愿尽管很强，但是受到收入水平的制约而很难消费到这些产品，这表明山东省农村在这四类产品的供给方面还是存在相对不足。

综上所述，从相对层面上讲，山东省农村公共产品和私人公共产品的供给效率是相当的，这表明农村公共产品供给效率在结构上是均衡的；从绝对层面上讲，山东省农村在交通通讯、医疗保健这两类公共属性较强产品和居住、家庭设备用品及服务这两类私人属性较强产品的供给方面还存在不足。而且，从前面的分析中还可以发现，首先农村公共产品中的交通通讯等用于发展经济的基础设施供求的不均衡状况最为严重；其次处于失衡状况的是用于解除"后顾之忧"的医疗保健，然后是私人属性较强的居住和家庭设备用品及服务，接下来才是文化娱乐教育服务。因此，从总体上讲，山东省农村公共产品供给效率在结构上是均衡的，其低效率主要表现在供给总量性的不足。

第二节　公共产品供给的区域差异分析

上一节中我们对山东省农村公共产品的供给效率进行了分析，这一节我们将对山东省公共产品供给的区域差异进行分析，以便衡量与山东省城乡一体化下所设定的公共产品供给水平目标的差距。

一、简单描述性统计分析

为了衡量山东省公共产品供给的区域差异，我们将从社会保障水平、基础设施建设、基础教育水平、医疗卫生水平等四个方面，分别计算其均等化指数，均等化指数越大，则区域差异越小，反之则区域差异越大。首先定义公共产品的均等化指数：

公共产品均等化指数 $= 1 - CV = 1 - \sigma/\mu$，CV（Coefficient of Variance）为变异系数，σ 为标准差，μ 为样本均值。

一般情况下，公共产品均等化指数的指数为 $[0, 1]$，越接近 1 表示公共产品供给水平越均等，越偏离 1 表示越不均等。

（一）社会保障

在社会保障方面我们选取人均离休、退休保险福利费用（元/人）、每万人社会保险参保人数（人/万人）、人均社会保障和就业支出（元/人）等三个指标，对山东省社会保障供给的均衡程度进行估计（见表 3-4 和表 3-5）。

表 3-4　2011 年山东省各区域社会保障指标数据

地　区	社　会　保　障		
	人均离休、退休保险 福利费用	每万人社会保险 参保人数	人均社会保障和 就业支出
济南市	1391.97	13237.26	815.32
青岛市	1700.12	15011.07	623.97
淄博市	1163.8	12420.67	650.47
枣庄市	539.42	7117.36	403.47
东营市	493.10	11466.35	549.50
烟台市	1271.30	11369.65	876.19
潍坊市	761.13	7427.30	294.68
济宁市	552.53	6036.85	277.08

续 表

地 区	社 会 保 障		
	人均离休、退休保险福利费用	每万人社会保险参保人数	人均社会保障和就业支出
泰安市	562.82	8449.17	443.14
威海市	1283.12	14674.48	1107.08
日照市	431.66	5807.12	454.17
莱芜市	960.96	9905.88	510.84
临沂市	327.91	4487.90	323.31
德州市	467.13	5405.46	373.07
聊城市	422.49	4960.29	300.69
滨州市	488.47	5927.70	711.82
菏泽市	315.33	3891.28	317.64

数据来源：2012 年《山东统计年鉴》。

表 3-5 山东省社会保障均衡程度

指 标	均 值	标准差	变异系数（%）	最大值/最小值	分项均等化指数	均等化总指数
人均离休、退休保险福利费用	722.54	432.04	55.92	5.39	0.4408	
每万人社会保险参保人数	8682.11	3701.53	42.63	3.86	0.5737	0.5223
人均社会保障和就业支出	531.32	237.84	44.76	4.00	0.5524	

从表 3-5 关于山东省社会保障均等化程度的测算我们可以得出结论：在选取的三个指标中，人均离休、退休保险福利费用指标的变异系数最大，分项均等化指数最小；其他两项指标每万人社会保险参保人数、人均社会保障和就业支出的均等化程度均在 0.5以上；社会保障均等化总指数大于为 0.5223，这表明山东省社会保障供给状况仍不够理想。其区域之间的差异程度还较大。

（二）基础设施

在基础设施建设方面，主要选取人均农林水支出（元/人）、人均城乡社区事务（元/人）、人均拥有道路面积（平方米/人）、人均公园绿地面积（平方米/人）等指标对山东省各区域基础设施建设水平的均衡程度进行估计（见表3-6和表3-7）。

表 3-6 2011 年山东省基础设施建设指标数据

地　　区	基 础 设 施			
	人均农林水支出	人均城乡社区事务	人均拥有道路面积	人均公园绿地面积
济南市	418.04	905.29	22.52	10.31
青岛市	497.41	1270.92	23.84	14.58
淄博市	572.92	478.57	22.31	15.47
枣庄市	344.87	202.22	21.06	13.26
东营市	1320.71	1118.31	29.44	17.57
烟台市	813.69	572.34	23.25	20.48
潍坊市	442.14	351.17	25.79	17.35
济宁市	365.99	294.81	26.96	10.90
泰安市	464.24	288.04	25.11	19.83
威海市	1208.09	721.97	30.62	24.76
日照市	682.08	281.67	25.63	21.67
莱芜市	483.48	530.89	28.37	18.49
临沂市	290.99	113.06	20.60	17.61
德州市	453.27	266.88	24.96	20.66
聊城市	364.82	111.43	28.29	11.54
滨州市	699.49	381.06	19.84	17.73
菏泽市	306.18	83.13	16.80	11.68

数据来源：2012 年《山东统计年鉴》。

表 3-7 山东省基础设施建设水平均衡程度

指 标	均 值	标准差	变异系数（%）	最大值/最小值	分项均等化指数	均等化总指数
人均农林水支出	572.26	297.72	52.03	4.54	0.4797	
人均城乡社区事务	468.93	350.79	74.81	15.29	0.2519	0.5824
人均拥有道路面积	24.43	3.70	15.16	1.82	0.8484	
人均公园绿地面积	16.70	4.18	25.04	2.40	0.7496	

由表 3-7 山东省基础设施建设水平均衡程度的测算我们可以看到：在选取的四项指标中，人均拥有道路面积和人均公园绿地面积指标变异系数较小，最大值与最小值的比值小于 3，均等化指数最高；人均农林水支出和人均城乡事务支出变异系数相对较大，其中人均城乡社区事务指标的最大值与最小值比值超过 10，均等化指数水平较低，均在 0.5 以下；基础建设均等化总指数为 0.5824，这表明山东省基础建设均等化程度不高，基础建设公共产品供给的非均衡程度仍然较大，即其区域差异还较大。

（三）基础教育

基础教育是分析公共产品供给水平的核心部分之一，我们选取每万人拥有小学教师数（人/万人）、每万人拥有学校数（所/万人）、人均教育支出（元/人）、小学师生比等四个指标分析其供给水平（见表 3-8 和表 3-9）。

由表 3-9 关于各项均等化指数的测算我们可以得出结论：在四项基础教育指标中，分项均等化指数均超过了 0.6，其中小学师生比和每万人拥有小学教师数指标的变异系数相对较小，最大值与最小值的比值小于 3，均等化指数较高；每万人拥有的学校数和人均教育支出变异系数相对较大，均等化指数较小；基础教育均等化总指数为 0.7723，在我们考察的各项均等化指数中是最高的，这表明由于国家近几年大力普及和巩固义务教育基础，使得山东省基础教育均等化水平显著提高，供给水平有了相当大的改善。

表 3-8　2011 年山东省各区域基础教育指标数据

地　区	基 础 教 育			
	每万人拥有小学教师数	每万人拥有学校数	人均教育支出	小学师生比
济南市	41.48	1.04	1076.28	15.49
青岛市	41.54	1.16	1469.81	15.06
淄博市	36.41	0.80	1447.19	14.88
枣庄市	45.85	1.46	867.46	14.56
东营市	42.18	0.86	2068.62	17.37
烟台市	30.03	0.66	1176.68	13.32
潍坊市	42.56	1.16	1093.53	14.63
济宁市	38.67	1.43	889.43	17.21
泰安市	37.27	1.18	727.05	18.11
威海市	26.47	0.51	1547.34	14.74
日照市	39.64	1.42	959.36	17.04
莱芜市	42.15	1.29	1193.71	12.32
临沂市	38.99	1.51	669.01	18.43
德州市	47.77	1.70	725.13	16.78
聊城市	38.91	1.30	689.09	18.33
滨州市	42.08	1.04	1152.80	16.44
菏泽市	46.24	1.69	568.73	20.16

　　说明：在这一部分中，为了便于计算，我们取师生比的倒数，即学生数与教师数的比值，这并不影响均等化指数的大小。

　　数据来源：2012 年《山东统计年鉴》。

表 3-9 山东省基础教育均衡程度

指 标	均 值	标准差	变异系数（%）	最大值/最小值	分项均等化指数	均等化总指数
每万人拥有小学教师数	39.90	5.39	13.51	1.80	0.8649	
每万人拥有学校数	1.19	0.34	28.75	3.33	0.7125	0.7723
人均教育支出	1077.72	390.51	36.23	3.64	0.6377	
小学师生比	16.17	2.04	12.61	1.64	0.8739	

（四）医疗卫生

医疗卫生方面我们选取人均医疗卫生支出（元/人）、每万人卫生机构数（个/万人）、每万人床位数（张/万人）、每万人卫生技术人员数（人/万人）等指标来测算其均衡程度（见表 3-10 和表 3-11）。

表 3-10 2011 年山东省各区域医疗卫生指标数据

地 区	医 疗 卫 生			
	人均医疗卫生支出	每万人卫生机构数	每万人床位数	每万人卫生技术人员数
济南市	446.21	7.35	57.56	69.43
青岛市	386.44	9.70	52.17	62.68
淄博市	383.53	11.66	56.64	66.10
枣庄市	345.39	5.56	34.95	40.29
东营市	533.09	8.84	57.87	71.24
烟台市	486.63	8.15	59.04	62.77
潍坊市	298.28	7.50	46.75	69.06
济宁市	343.88	7.79	38.66	40.29
泰安市	356.01	6.83	42.65	49.26
威海市	428.97	8.82	68.18	70.12

续　表

地　区	医疗卫生			
	人均医疗卫生支出	每万人卫生机构数	每万人床位数	每万人卫生技术人员数
日照市	371.38	6.98	36.70	42.31
莱芜市	327.95	9.55	44.02	52.44
临沂市	318.69	6.09	36.92	34.63
德州市	316.74	5.99	30.42	37.63
聊城市	311.52	8.22	32.55	35.22
滨州市	394.20	5.12	49.52	54.94
菏泽市	284.21	2.97	28.08	34.39

数据来源：2012 年《山东统计年鉴》。

表 3-11　山东省医疗卫生均衡程度

指　标	均　值	标准差	变异系数（％）	最大值/最小值	分项均等化指数	均等化总指数
人均卫生支出	372.54	68.49	18.39	1.88	0.8161	
每万人卫生机构数	7.48	2.03	27.13	3.93	0.7287	0.7544
每万人床位数	45.45	11.73	25.80	2.43	0.7420	
每万人卫生技术人员数	52.52	14.15	26.94	2.07	0.7306	

由表 3-11 山东省医疗卫生均衡程度的变异系数和均等化指数的测算我们可以看出：在选取的四个医疗卫生指标中，分项均等化指数均超过了 0.7，并且只有每万人卫生机构数指标的最大值与最小值比值超过了 3，为 3.93；其他三个指标人均卫生支出、每万人拥有床位数、每万人卫生技术人员数指标的最大值与最小值比值均小于 3，均等化指数水平较高；医疗卫生均等化总指数为 0.7544，这表明山东省医疗卫生均等化程度较高，医疗卫生公共产品供给非均衡程度较小，即山东省各区域医疗卫生公共产品供给水平的差异程度较小。

以上我们分四个大类，从社会保障、基础设施建设、基础教育、医疗卫生等方面，对山东省公共产品供给的差异程度进行了简单的分析，从以上的分类测算结果我们可以对山东省各区域公共产品供给的差异状况做出如下判断：从总体而言，如果将以上所考察的四个大类均等化总指数进行加权平均，得出的重庆市公共产品均等化指数为 0.6579，这表明山东省公共产品供给的均等化程度相对来讲还是不错的，也即是山东省公共产品供给水平的差异程度相对并不太高。从不同分类的比较而言，山东省公共产品供给四个分类中均等化程度最高的是基础教育，其差异程度最小，这体现了国家近几年来大力普及和巩固基础教育所取得的政策效果；均等化程度最低的是社会保障和基础设施建设，这两类的均等化指数甚至不足 0.6，非均衡程度相对严重，即差异程度相对较高。

二、主成分分析

（一）指标体系及数据来源

基于第一部分简单描述性分析，我们选取的公共产品供给指数的指标列表见表 3-12，其基础数据均来源于 2012 年《山东统计年鉴》。

表 3-12　公共产品供给指数指标

社会保障	人均离休、退休保险福利费用（c_1） 每万人社会保险参保人数（c_2） 人均社会保障和就业支出（c_3）	基础教育	每万人拥有小学教师数（c_8） 每万人拥有学校数（c_9） 人均教育支出（c_{10}） 小学师生比（c_{11}）
基础设施建设	人均农林水支出（c_4） 人均城乡社区事务（c_5） 人均拥有道路面积（c_6） 人均公园绿地面积（c_7）	医疗卫生	人均医疗卫生支出（c_{12}） 每万人卫生机构数（c_{13}） 每万人床位数（c_{14}） 每万人卫生技术人员数（c_{15}）

（二）评价指标的标准化（无量纲化）处理

如果评价指标的量纲不同，那么就会影响评价的客观性和准确性，我们的评价也就会偏离实际，变得没有实际意义。而评价指标的无量纲化即是原始数据的归一化。由于不同因素具有不同单位，不具有可比性，不能直接用来量化。因此在计算公共产品供给指数之前，须作无量纲化处理，以消除量纲的干扰。本书采用的是Spss18.0统计软件默认的Z标准化（即均值为零，方差为1）方法对17个地区15个指标数据进行标准化处理。

（三）计算指标的相关系数矩阵

求相关系数矩阵的特征值 λ_i 和特征向量 $L_i : l_{i1} l_{i2} \cdots l_{im}$ ，并提取主成分，计算贡献率和累计贡献率，见表3-13和表3-14。

表 3-13 解释的总方差

成分	初始特征值			提取平方和载入			旋转平方和载入		
	合计	方差的%	累积%	合计	方差的%	累积%	合计	方差的%	累积%
1	9.023	60.154	60.154	9.023	60.154	60.154	5.068	33.786	33.786
2	1.692	11.280	71.434	1.692	11.280	71.434	3.952	26.348	60.133
3	1.230	8.198	79.632	1.230	8.198	79.632	2.509	16.724	76.857
4	1.171	7.804	87.436	1.171	7.804	87.436	1.587	10.579	87.436
5	0.710	4.733	92.169						
6	0.392	2.611	94.780						
7	0.281	1.872	96.652						
8	0.229	1.526	98.179						
9	0.122	0.814	98.993						
10	0.071	0.471	99.464						
11	0.035	0.230	99.694						
12	0.027	0.178	99.872						
13	0.017	0.114	99.986						
14	0.002	0.012	99.998						
15	0.000	0.002	100.000						

提取方法：主成分分析。

　　根据确定取几个成分作为主成分的方法（本书是取所有特征值大于 1 的成分作为主成分），由表 10 可知，主成分个数为 4 个。其中，第一成分特征值为 9.023，第二成分特征值为 1.692，第三成分特征值为 1.230，第四成分特征值为 1.171。这四个主成分的方差贡献率分别为 60.154%、11.280%、8.198%、7.804%，他们的累计贡献率为 87.436%，即前四个因子解释原始 20 个变量的 87.436% 的变异，也即是前四个成分所包含的信息占原始变量包含的总信息的 87.436%。

表 3-14　成分矩阵[a]

	成　分			
	1	2	3	4
c14	0.966	−0.016	0.089	−0.145
c9	−0.922	−0.140	−0.012	0.189
c2	0.920	−0.299	−0.034	−0.014
c15	0.901	−0.163	0.117	0.029
c10	0.867	0.009	0.223	0.358
c3	0.843	0.065	0.106	−0.440
c5	0.807	−0.324	0.269	0.278
c12	0.805	0.126	0.442	0.032
c1	0.769	−0.507	−0.206	−0.216
c4	0.760	0.527	0.293	0.173
c13	0.710	−0.174	−0.464	0.330
c8	−0.633	−0.392	0.312	0.392
c11	−0.618	0.277	0.457	0.096
c7	0.380	0.703	−0.215	−0.144
c6	0.468	0.377	−0.428	0.585

提取方法：主成分。

a. 已提取了 4 个成分。

表 3-14 是旋转前因子载荷矩阵，即初始提取的因子载荷矩阵。相关系数矩阵的特征向量需要根据初始提取的因子载荷矩阵来求取。

特征向量是各成分表达式中的标准化原始变量的系数向量，就是各成分的特征向量。得出特征向量，就可以写出每个成分的表达式。（实际上根据旋转后的因子得分系数矩阵也可以写出每个成分的表达式，本书即是根据旋转后的因子得分矩阵得出主成分的表达式的，详情见下文。）如表 3-14 所示的成分矩阵中的各个分量的系数为单位向量乘以相应的特征值的平方根的结果。如果令

$$a_{ij} = \sqrt{\lambda_i} l_{ij} \qquad i,j = 1,\cdots,m$$

那么，a_{ij} 为第 i 个成分和第 j 个变量的相关系数，也称为载荷（loading）。因此用 a_{ij} 除以主成分相对应的特征值开平方根，即 $\sqrt{\lambda_i}$，便得到四个主成分中每个指标所对应的系数。

（四）计算因子得分及综合评价得分并排序

运用回归法（Regression）计算出的主成分得分系数矩阵见表 3-15。系数矩阵列示的是所选取的主成分与原始指标间的线性关系，反映了主成分与原变量的相关系数，各主成分是原始指标的线性组合，利用系数矩阵可以计算主成分得分。

表 3-15　成分得分系数矩阵

	成　分			
	1	2	3	4
c1	−0.101	0.359	−0.060	−0.129
c2	0.046	0.182	−0.082	−0.023
c3	0.042	0.082	0.231	−0.312
c4	0.260	−0.295	0.132	0.104
c5	0.259	0.000	−0.282	0.049

续　表

	成　分			
	1	2	3	4
c6	−0.084	−0.059	0.018	0.642
c7	−0.107	−0.110	0.429	0.111
c8	0.191	−0.109	−0.428	0.064
c9	−0.044	−0.044	−0.178	0.089
c10	0.258	−0.114	−0.158	0.177
c11	0.225	−0.342	−0.033	−0.087
c12	0.314	−0.178	−0.012	−0.115
c13	−0.140	0.222	−0.099	0.400
c14	0.096	0.063	0.077	−0.114
c15	0.138	0.062	−0.071	−0.032

提取方法：主成分。

旋转法：具有 Kaiser 标准化的正交旋转法。

根据表 3-15 中成分得分系数和原始变量的标准化值，可以计算每个观测量的各成分的得分数，并可以据此对观测量进行进一步分析。旋转后的因子（主成分）表达式可以写成：

$$FAC1\_1 = -0.101 * Zc1 + 0.046 * Zc2 + 0.042 * Zc3$$
$$+ \cdots + 0.096 * Zc14 + 0.138 * Zc15$$

$$FAC2\_1 = 0.359 * Zc1 + 0.182 * Zc2 + 0.082 * Zc3$$
$$+ \cdots + 0.063 * Zc14 + 0.064 * Zc15$$

$$FAC3\_1 = -0.060 * Zc1 - 0.082 * Zc2 + 0.231 * Zc3$$
$$+ \cdots + 0.077 * Zc14 - 0.071 * Zc15$$

$$FAC4\_1 = -0.129 * Zc1 - 0. - 23 * Zc2 - 0.312 * Zc3$$
$$+ \cdots - 0.114 * Zc14 - 0.032 * Zc15$$

其中 FAC 表示主成分得分，Zc 表示原始变量的标准化值。因此计算出的因子（各主成分）得分，见表 3-16。

表 3-16　各主成分得分表

	FAC1_1	FAC2_1	FAC3_1	FAC4_1
济南市	0.96576	1.22454	−1.04394	−1.37533
青岛市	0.73543	1.58431	−1.45197	0.05366
淄博市	0.07798	1.3941	−0.01714	0.05079
枣庄市	−0.5573	−0.01829	−0.72337	−0.63369
东营市	2.93676	−1.54525	−0.61976	1.46013
烟台市	0.35249	0.9574	1.65999	−0.92708
潍坊市	−0.53317	0.41552	−0.33046	0.68843
济宁市	−0.65613	−0.19158	−0.65397	0.72449
泰安市	−0.48678	−0.42966	0.72665	−0.02414
威海市	0.74226	0.63747	2.52509	0.44586
日照市	−0.32937	−0.99011	0.70365	0.54951
莱芜市	−0.84048	1.0757	−0.27904	1.43836
临沂市	−0.91896	−0.75228	0.33468	−0.62669
德州市	−0.73747	−0.85333	−0.21848	0.46612
聊城市	−1.07838	−0.42281	−0.28889	1.00096
滨州市	0.68262	−0.76322	0.48246	−1.40862
菏泽市	−0.35524	−1.32252	−0.80548	−1.88277

注：表中 FAC1_1 表示第一主成分得分，FAC2_1 表示第二主成分得分，……，后面表中代表的含义相同。

根据因子（各主成分）得分及其方差贡献率构造各城市综合得分函数：

$$F = W_1 \times FAC1\_1 + W_2 \times FAC2\_1 + W_3 \times FAC3\_1 + W_4 \times FAC4\_1$$

其中，W_1、W_2、W_3、W_4 分别表示第一至第四主成分的权重，其计算公式为：

$$W_i = 各主成分的方差贡献率/方差累计贡献率$$

根据公式计算得出权重的数值分别为：0.6880、0.1290、0.0938 和 0.0893。将各主成分得分（见表 3-16）和权重代入综合评价函数得出 17 个城市的综合得分：

济南市的综合得分：

$$F_1 = 0.6880 \times 0.96576 + 0.1290 \times 1.22454 + 0.0938$$
$$\times (-1.04394) + 0.0893 \times (-1.37533) = 0.6017$$

青岛市的综合得分：

$$F_2 = 0.6880 \times 0.73543 + 0.1290 \times 1.58431 + 0.0938$$
$$\times (-1.45197) + 0.0893 \times (0.05366) = 0.5789$$

······

菏泽市的综合得分：

$$F_{17} = 0.6880 \times (-0.35524) + 0.1290 \times (-1.32252)$$
$$+ 0.0938 \times (-0.80548) + 0.0893(-1.88277)$$
$$= -0.6587$$

最终得到这六个市的主成分和综合得分及排序结果见表 3-17。

表 3-17　综合得分表

地　区	综合得分		地　区	综合得分	
	得　分	排　名		得　分	排　名
济南市	0.6017	3	威海市	0.8696	2
青岛市	0.5789	4	日照市	−0.2393	8
淄博市	0.2364	7	莱芜市	−0.3372	11
枣庄市	−0.5102	13	临沂市	−0.7539	17
东营市	1.8934	1	德州市	−0.5963	14
烟台市	0.4389	5	聊城市	−0.7342	16
潍坊市	−0.2827	9	滨州市	0.2907	6
济宁市	−0.4728	12	菏泽市	−0.6587	15
泰安市	−0.3243	10			

（五）结果分析

表 3-17 显示了山东省所包括的 17 个地区在公共产品供给的综合得分及排名，得分越高，表明公共产品供给水平越高。可以看出山东省公共产品供给水平最高的前五个城市依次是东营、威海、济南、青岛、烟台；公共产品供给水平最低的五个城市依次是临沂、聊城、菏泽、德州、枣庄；其中供给水平最高的东营与供给水平最低的临沂，得分之差为 2.5473。这表明，山东省各区域之间公共产品供给水平存在比较明显的差异。

三、聚类分析

（一）指标体系及数据来源

我们选取的指标依旧是表 3-12 中的 15 个公共产品供给指数，包含 17 个地区，其基础数据均来源于 2012 年《山东统计年鉴》。

（二）分析过程

聚类分析方法可以将研究样本进行分类，将相似或者关系密切的样本归为一类，然后从聚成的新类着手，研究新类中个样本的共同特点。聚类的基本过程是首先将 17 个城市各自作为一类，然后根据各城市之间的相似、亲疏程度，将亲疏程度最高的两个城市合并，然后考虑合并后的类与其他城市的相似程度，再进行合并，重复这一过程，直至将所有的城市合并。输出的样本层次聚类分析见表 3-18，聚类分析的树状图如图 3-1 所示。

表 3-18　各地区公共产品供给水平的聚类结果

案例	济南	青岛	淄博	枣庄	东营	烟台	潍坊	济宁	泰安	威海	日照	莱芜	临沂	德州	聊城	滨州	菏泽
2 集群	1	1	1	2	1	1	2	2	2	1	2	2	2	2	2	2	2

由表 3-18 可知，若分为两类，则济南、青岛、淄博、东营、烟台、威海为一类，他们是公共产品供给水平较高的一类；其他城市为一类，他们是公共产品供给水平较低的一类。

重新调整距离聚类合并

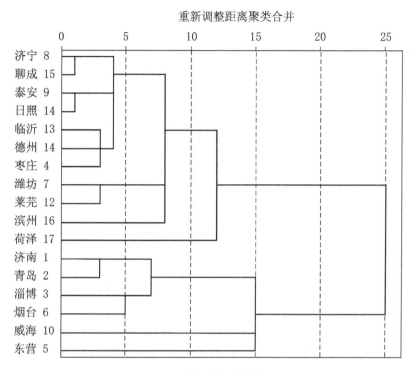

图 3-1 聚类分析的树状图

树状图可以非常直观地反映聚类过程及样本间的层次关系。从图 3-1 中可以发现，样本聚为两类是较为合适的。如果聚为两类，济南、青岛、淄博、烟台、威海、东营聚为一类，是公共产品供给水平较高的地区，其他城市聚为一类，是公共产品供给水平较低的地区。

（三）结果分析

由表 3-17 和表 3-18 及图 3-1，我们可以看出，用主成分分析法和聚类分析法对山东省 17 个地区的公共产品供给水平的分析结果基本相同。

山东省的公共产品供给可以分为两个层级，第一类为公共产品供给水平较高的地区，第二类为公共产品供给水平一般或较低的地区。在第一类地区中，包含了济南、青岛、淄博、烟台、威

海和东营，该类地区的综合得分指数都大于零，经济社会发展位
居前茅，具有很强的优势。在第二类地区中，包含了济宁、聊城、
泰安、日照、临沂、德州、枣庄、潍坊、莱芜、滨州和菏泽，该
类地区的综合得分指数几乎都小于零，在这些城市中，得分大于
－0.5 的城市有一定的经济基础和发展潜力，可以考虑通过对该类
地区加大投入来带动公共产品供给水平较低的地区的经济发展，
为公共产品供给水平的提高奠定基础。得分小于－0.5 的城市公共
产品供给水平较低，经济相对落后，急需各方面的支持，地方政
府要制定并施行各种合理的政策措施，推动它们的经济增长，促
进其公共产品供给水平的提高。

四、改善公共产品的非均衡供给，促进城乡一体化

在城乡一体化问题的探讨上，目前国内外已经获得了诸多有
益成果。众所周知，城乡一体化指将城市与乡村看成一个互为依
存、相互促进的有机整体，借助城乡各种资源和生产要素的自由
流动，以便城市与乡村的优势及作用得到充分发挥，促使城乡经
济社会的融合，最终实现城乡经济、社会、文化、生态等方面协
调发展的一个历史过程。城乡一体化的关键点在于城乡关系，注
重城市与乡村各种生产要素之间的融合，及要素间的自由流动，
借助城乡间的竞争和合作推动城乡关系良好发展，实现各具特色
但不失协调的良好局面，城乡一体化是一个双向发展过程。城乡
一体化的终极目标是彻底破除城乡对立，减小甚至消除城乡二元
结构，促使城乡人力、财力、科技等要素的最优配置，推动二者
在经济、社会、文化、生态等方面的持续、健康、协调发展，优
化城乡居住环境，形成城乡优势互补、相互促进、融合融洽、地
位平等、发展协调、共同繁荣的大好局势，让城乡居民一同享受
到现代物质文明、政治文明与精神文明成果。想要实现上述目标，
对城乡居民国民待遇差异的消除显得尤为关键，必须使乡村居民

享受到与城市居民一致的国民待遇、合法权益以及就业与发展机会。因此，面对目前城乡二元经济结构这种局面，想要实现城乡居民国民待遇的统一，促使乡村居民享受到与城市居民一致的国民待遇，我们首先要关注的是与农民生活息息相关的各项公共产品的供给问题，努力提高各项公共产品的农村供给水平，缩小城市与农村在公共产品供给方面的差距，让农民切实感受到公平、公正的对待。

由上述第二节中各区域公共产品供给差异的分析中，我们可以看出山东省各区域间公共产品的供给存在非常明显的差距，为了更为直观地看出差距，根据表 3-17 可以绘出图 3-2。

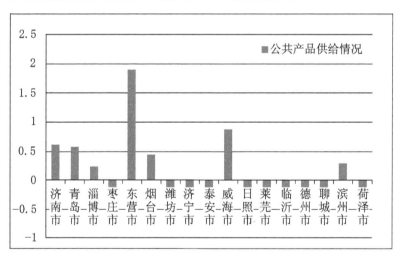

图 3-2　山东省各区域间公共产品的供给情况

由图 3-2 中我们可以明显看出，各区域间公共产品的供给水平确实存在显著差距，这与城乡一体化的目标（彻底破除城乡对立，减小甚至消除城乡二元结构，促使城乡人力、财力、科技等要素的最优配置，推动二者在经济、社会、文化、生态等方面的持续、健康、协调发展，优化城乡居住环境，形成城乡优势互补、相互促进、融合融洽、地位平等、发展协调、共同繁荣的大好局势，让城乡居民一同享受到现代物质文明、政治文明与精神文明成果）

也相距甚远，因此为加快城乡一体化的步伐，地方政府应采取适当的政策措施，加快本地区的经济发展，促进其公共产品供给水平的提高。特别是公共产品供给水平较低的地区更应该加快自身区域的经济发展，努力提高其公共产品供给水平，缩小与其他公共产品供给水平较高地区的差距。

本 章 小 结

本章首先通过简单的线性模型分析了山东省农村公共产品的供给效率，得出的结论是：从总体上讲，山东省农村公共产品供给效率在结构上是相对均衡的，其低效率主要表现在供给总量的不足。其次是对山东省各区域间公共产品的差异状况做了实证分析，具体用到了简单描述统计分析、主成分分析和聚类分析，所得的分析结果均表明山东省各区域间公共产品的供给水平存在明显差异，与城乡一体化所要达到的均衡状况还存在显著差距，各地方政府，特别是公共产品供给水平相对较低的地区，应积极采取适当的政策措施，加快经济发展，促进公共产品供给水平的提高。

第四章　城乡一体化进程中农村公共产品
供给主体的演变与责任的合理界定

路径依赖类似于物理学中的"惯性"，一旦进入某一路径就可能对这种路径产生依赖。路径依赖理论认为，初始的制度安排会影响到以后的制度选择。农村公共产品供给可以是合理的，也可以是不合理的，但选择不合理供给路径最终必然会造成农村公共产品供给效率的低下。只有对过去影响农村公共产品供给的制约因素了解透彻，才能选择更优的农村公共产品供给路径。所以，对中国农村公共产品供给主体的历史演变进行探讨具有重要意义，而且只有这样，才能准确把握我国农村公共产品供给主体选择过程中出现的问题，进而找出关于农村公共产品供给主体选择的合理化路径。

第一节　农村公共产品供给
主体的演变及选择

公共产品理论形成之前，古典经济学认为，政府作为天然的、理性的、唯一的、至善的公共产品提供者，它的主要任务就是弥补市场失灵，关于如何有效地提供公共产品的问题并没有学者给予关注。由于公共经济活动中存在着"政府失败"现象，公共产品理论从公共产品内在属性出发，指出针对不同类型的公共产品，采用不同的制度安排，形成了公共产品分析框架下多主体提供公共产品的理论。1874 年，科斯在《经济学中的灯塔》中证明了公共产品的提供者可以是政府、私人或其他组织①。亚当·斯密在其著作《国民财富的性质和原因的研究》里指出政府并非供给公共产品的唯一组织，除了政府，还有别的有能力有效提供公共产品的组织②。彼得·德鲁克在《巨变时代的管理》中认为："提供服务并不是政府的义务，政府的义务是保证服务提供得以实现。"所以，政府需要把其在公共产品供给方面的基本职能界定为指挥、控制、协调、监督，而非组织生产③。

埃莉诺·奥斯特罗姆也提出了多中心治理理论，他通过研究证明，除了政府权威治理和市场化参与外，在某一区域范围内部，有着共同利益的一组社会成员可以按照相应的规范组织起来，进行自主治理，实现自身公共产品的需求，消除"搭便车"现象，从而形成一个政府、市场和社区多元主体共同承担公共产品供给的局面，在多方供给结构中，公共产品的供给突破政府—市场两极化供给的困境，多元化的供给主体在保持公共产品公共性的前提下，开展竞争，参与公共产品的供给，从而民众提供质量较好的公共产品④。

这些学者的论著得出了一个共同的结论，即政府不能独自供给全部公共产品，如果它要承担全部公共产品的供给，其供给效率将是较差的，多元化的供给主体将会提高农村公共产品的供给效率。

随着公共产品理论的不断发展，准公共产品或混合产品的存在，以及科技的进步改善了排他技术，现代社会，在农村公共产

---

① 马克思. 资本论（第 1 卷）[M]. 北京：人民出版社，1975.

② 保罗·萨缪尔森，威廉·诺德豪斯. 经济学（第 17 版）[M]. 北京：人民邮电出版社，2004.

③ 阿瑟·奥肯. 平等与效率 [M]. 北京：华夏出版社，1999.

④ 张晓琳. 当前我国农村公共产品的有效供给研究 [D]. 中国海洋大学硕士学位论文，2011.

品供给中政府不再是唯一主体，公共产品由"政府单一供给主体"转变为"以政府为主的多元供给主体"，或者可以说由"政府垄断供给"转变为"政府有限供给"。

农村公共物品供给主体包括政府、市场以及第三部门三种类型。政府成为农村公共物品供给主体，原因是存在源于农村公共物品"公共性"的市场失灵。市场失灵要求政府及其所属的公共企业和事业组织提供农村公共物品。市场组织成为农村公共物品供给主体，原因是农村公共物品供给存在着政府失灵，政府提供农村公共物品存在成本过高、缺乏效率的问题，此外，政府提供单一、标准化的农村公共物品，也不能满足农村居民对农村公共物品的多样化要求。农村公共物品供给中的市场失灵和政府失灵，为非营利性组织发挥作用提供了巨大的空间。在印度等发展中国家，非政府组织是促进农村基础教育发展的重要力量；在美国等发达国家，医疗服务主要由非营利组织提供。

公共产品供给说的就是公共产品的供给主体采取某种形式进行筹资并投入使用，为群众供应公共产品。从根本上讲，公共产品的供给就是资源配置的过程，在分配的范畴之内。从前文的理论分析可以看出，在某些假设之下，由三个主体共同负责提供公共产品要比由两个主体、一个主体提供更加有效，更能满足广大群众在公共产品上的需求。现实中公共产品又是如何供给的呢？著名学者斯蒂格利茨曾经说过"要以正确的方式提出问题"，他还指出，"不要把'市场'和政府对峙起来，而应该是在二者之间保持恰到好处的平衡，因为有可能存在许多的中间形态的经济组织（包括那些以地方政府、合作社等为基础的中间形态）"①。实际上，政府与市场并不是一种平行并列和非此即彼的关系。仅从资源配

---

① 斯蒂格利茨. 社会主义向何处去——经济体制转型的理论与证据 [M]. 长春：吉林人民出版社，1998.

置方式或协调方式来看，市场机制所对应的应该是计划机制；从组织类型上来看，主要有政府组织与企业（或营利性组织），不过，就公共产品供给的组织形式而言，除此之外，还有一种中间形态的组织，即第三部门。在这样一个框架里，三种形态的组织都可能是公共产品供给的主体。总的来讲，公共产品多元供给其实就是指"有许多在形式上相互独立的决策中心——它们在竞争关系中相互重视对方的存在，相互签订各种各样的合约，并从事合作性活动，或者利用核心机制来解决冲突"①。

从我国当前的国情来看，由于全国农民人口众多、需求复杂多样，但政府在公共产品供给过程中存在公共产品供给目标的偏离、内部管理的无效、无制约的资金来源、对涉农财政资金的管理及使用缺乏规范监督，以及可能在选择生产企业和政策时受到影响等因素直接影响公共产品的有效供给，无法满足广大农村居民的需求。要达到实现城乡一体化、提供必要的农村公共产品的目的，单靠各级政府是远远不够的。针对目前我国中央财政转移支付相对不足，农村公共产品供给效率较低的状况，供给主体多元化无疑是解决该问题的重要方式，它能够针对不同需求层次和受益范围的农村公共产品确定相应的供给主体，设计相应的决策、筹资、运营以及监管机制，有效缓解目前农村公共物品供给的困境，借助市场竞争机制的力量提高农村公共产品的有效供给，达到公共性与市场性的有机统一。

实际上，从第二章"我国农村公共产品供给制度历史沿革分析"中我们发现，从 1949 年至今，农村公共产品供给的主体结构发生了反复，人民公社时期以前主要是合作社形式的农村合作组织在承担着主要的供给责任，人民公社时期又演变为政府是完全

---

① 埃里诺·奥斯特罗姆. 公共服务的制度建构——都市警察服务的制度结构 [M]. 上海：上海三联书店，2000.

的单一主体（虽然村应当看作是合作供给主体，但由于村作为政府影子的特殊地位，在公共产品供给中承担的更多是政府责任），家庭联产承包责任制后，供给主体又转向私人供给、第三方供给为主的模式，税费改革以后，政府通过转移支付等手段承担起更多的供给职责，同时鼓励公共产品的非政府供给，形成了政府和非政府合作供给的模式。目前，在城乡一体化进程中，我国农村已经自发地出现了供给主体多元化的现象，这是农村公共产品供给主体的理想化选择。但目前的问题是，这种供给主体模式中，政府对于非政府供给主体主动的、积极的、细致的、可操作的引导并不完善，尚未形成系统的、良性互动的局面。更多的非政府供给主体是自发的、源自经济理性、政治理性或道德理性的行为。因此，政府应当创造条件诱导、鼓励和促进其发展，根据我国国情构建以政府为主导、非政府供给丰富多样的多元化的农村公共产品供给主体。

第二节　农村公共产品多元供给主体的责任

一、政府供给：农村公共产品的主导性供给

农村公共产品供给主体多元化的前提是以政府供给为主导。因为农村公共产品需求存在公共性特征，加上农村社会存在的弱质性特点，所以政府理所当然要承担公共产品供给责任，并且政府在所有公共产品供给环节中均处在主体地位，需要政府直接提供农村公共产品。除了少数全国性农村公共产品和纯公共产品外，大部分农村公共产品是通过中央政府转移支付或地方财政由地方政府来提供的。然而，农村公共产品供给主体多元化在一定领域或者一定时间上也会把政府排除在外，这时，利益驱动的市场机

制发挥着一定作用，利益机制往往与农村公共产品需求的公共性存在一定程度的冲突或者矛盾。比如，市场在自发供给公共产品过程中易发生"搭便车"和投资不足等现象，且在规模经济上缺乏效率，哈丁的"开放的牧场"、弗勒德的"囚徒困境"、休谟的"公共地悲剧"等也谈到了这种状况。所以，在以萨缪尔森为代表的福利经济学家看来"政府应该是公共产品的天然提供者"，政府负责公共产品供给能够解决市场失灵问题[①]。政府主导型地位的确立，不仅是因为政府原本的权威性，更是当前我国农村的具体形势使然。

资本的流动规律要求资本向利润高的地方流动，我国农村人口众多，农村公共产品特别是农业公共产品初期投入大，回报率较低，回报时间长。资本逐利趋向造成资金不愿投资公共事业。农业的弱质性和农民的弱势地位决定了资本的流动方向是从农村流向城市，而新中国成立以来国家实施优先发展工业和城市战略，中央和地方各级政府出于自身利益的考虑，把更多资金投入到城市建设和工商业发展中，农村公共产品的供给，主要是通过制度外筹资的方式进行，这使得我国政府在农村公共产品供给方面有着巨大的欠账，在当前这一改革的深入阶段，政府既要填补历史欠账，又要帮助农村地区制定合理的中长期农村公共产品供给机制，详细而言，当前中国政府在农村公共产品供给的主导作用主要体现在以下方面[②]：

第一，政策导向作用。政府对公共产品供给的阶段性目标的规划与政策导向，基本上决定了这一时期农村公共产品供给的方向，2004 年之后，我国接连颁布的七个中央"一号"文件均致力

---

① 李海涛. 新农村建设背景下农村公共产品供给效率研究 [D]. 东北林业大学博士学位论文, 2010.

② 张晓琳. 当前我国农村公共产品的有效供给研究 [D]. 中国海洋大学硕士学位论文, 2011.

于农业农村问题的解决，这其中包括：利用长期国债建设的农村
"六小工程"，农村义务教育全面实施，中西部中小学校舍的改造，
农村文化投入保障机制的建立，农村新型养老保险制度的实施，
以及最近出台的家电下乡建材下乡，这些惠民政策无一不体现政
府对农村公共服务事业的关注角度和范围；同时政府鼓励和支持
其他部门参与到农村公共产品的供给中来，为他们提供各种政策
优惠和补贴，吸引社会各界（包括企业和第三部门）积极投身于
各项农村公共产品的供给。政府的各项政策为多元主体的参与提
供制度保障和政策支持。

　　第二，供给资金的主要来源。当前，中国的整体国力显著增
强，在依靠农业积累发展起来的工业和城市，理应反哺农业和农
村，在发展速度加快、综合国力显著增强的同时，政府更应该将
财政天平倾向于农村，弥补欠账，实现公平。主导农村公共产品
的供给。可以说，中国的崛起、城市化的实现、工业化的实现，
关键在于农村。在当前形势下，中国的人均 GDP 已经达到 3000 美
元，经济总量跃居世界第二，完全有能力进行反哺，实施宏观调
控，汇聚人力、物力、财力主导农村公共产品的供给，弥补历史
"欠账"，缩小全国、城乡公共产品供给的巨大差距。2011 年下发
的中央一号文件——《中共中央　国务院关于加快水利改革发展
的决定》明确提出农田水利工程是我国未来十年农村基础设施建
设的重要项目。在全国范围内，水利工程投入 4 万亿人民币资金，
加大中央财政专项资金在农村水利工程项目上的投资力度，增大
水利工程项目投入在中央预算固定资产投资中所占比例，极力增
大水利工程项目专项资金的投入，转移土地出让金的十分之一到
农村水利工程项目中去①。由以上可见，在全国普惠性的农村公共
产品供给中，政府在整个供给筹资中起主导作用。

① 中共中央　国务院关于加快水利改革发展的决定［Z］.2011-12-31.

在城乡一体化进程中，为了达到公共产品的公平和有效供给，实现统筹城乡经济发展、解决"三农"问题、构建和谐社会等目标，政府应该担负起农村公共产品供给排头兵的重任，发挥核心和关键作用。

这个核心和关键作用在于更好地规划和引导非政府组织供给的有效性，使相应筹资渠道畅通，使资金使用规范、节约，使农村公共产品供给决策更民主化，符合农民需求和农村社会经济发展的要求，促进整个供给过程更民主、科学、有效。具体体现在监管农村公共产品的供给；制定各阶段农村公共产品供给的规划和大政方针政策；由某些政府机构直接供给公共产品等。由此看来，政府既不能不管不问，听之任之，让农村公共产品供给偏离农民和社会经济发展需求方向，也不能不分巨细事必过问，政府主要把握农村公共产品供给的方向、规划、引导、监管和资金政策配套，不能过多干预符合现实需求的具体供给事务。

要培育政府在农村公共产品的关键、核心地位，改善当前农村公共产品供给过程中政府供给，应重点从以下几个方面着手。

第一，明确政府目标，推动政府在农村公共产品供给中的职能从"管理控制型"到"管理服务型"的转变。在传统管理控制型职能下，政府对农村公共产品的供给单一化、无法灵活满足农村居民的需求，造成资源浪费，而且政府不必为政策造成的损失买单。管理服务型职能是针对政府管理控制型职能的缺陷提出的，提倡政府在供给公共产品时要本着"人民大众公仆"的角色和"公民本位"的目标，重视提供公共产品的水平和质量，关注公共部门提供公共产品的效率，只有这样政府才能在农村公共产品供给中真正体现农村居民的需求。

第二，提高政府内部的管理效率。对原有政府供给主体改革改制，培养新型政府供给主体。对原有农村公用事业单位在内的政府供给主体进行事业单位改制，改革管理体制，改进公共管理理念，从根本上提高政府作为供给主体与其他供给主体公平竞争的能力。同时，对农村公共服务中心、便民服务中心等新型的政府供给主体进行培养[①]，从而提高政府供给的竞争力和供给效率。

第三，政府对农村制度类公共产品的供给职责要进行强化。由于政府制度对一切人的权利要求具有权威性和强制性，这一方面可以用来规范各级政府依法承担农村公共产品的供给职责；另一方面可以用来维护农村公共产品供给秩序。

第四，划清中央及各层级地方政府农村公共产品供给责任。政府对农村公共产品的供给领域应包括农业发展、农村繁荣和农民生活的方方面面，对于受益范围遍及全国的公共产品主要由中央、省级政府共同承担责任，特别是财政责任。具体包括中央政府的行政管理、国防、海关、秩序和法律维护、公平分配、货币稳定等，以及公共产品供需不平衡中部分公共产品，如经济生产型公共产品中的农业基础科学研究，社会基础型公共产品中的农村义务教育、农村公共卫生保健、农村社会保障，可持续发展型公共产品中的大江大河大湖的治理、生态环境保护等。对于受益范围主要是地方的公共产品由相应层次的县、乡两级政府提供为主，省、市级政府适当补助，具体包括公共产品供需不平衡中部分公共产品，如经济生产型公共产品中的电力设施、水利设施、农业科技成果推广，社会基础型公共产品中的农村医疗、农村职业教育，可持续发展型公共产品中的小流域防洪防涝设施建设等。对于有些应由中央政府供给的公共产品具体操作可以由基层代为负责，但资金应当是中央财政下拨，如计划生育工作、民兵训练、义务教育等。

从当前实际看，由于上下级政府间农村公共产品供给责任不

---

① 李海涛. 新农村建设背景下农村公共产品供给效率研究［D］. 东北林业大学博士学位论文，2010.

明确，分工模糊，使农村政府尤其是贫困地区乡镇政府可能承担了上级政府转移的农村公共产品供给职责，出现财权与事权不匹配的矛盾，使其处于被动境地。因此，要明确各级政府公共产品的供给职责并进行分类管理，保障农村居民基本公共产品的政府供给，并使不同层级间政府供给职责合理化。

第五，精简政府的供给级次。中国是全球范围内政府层级最多的一个国家，设有中央、省（自治区、直辖市）、市（自治州、地区）、县（自治县、市）、乡（民族乡、镇）五级政府，政府级次的安排会影响到其供给农村公共产品的效率。从自上而下的角度讲，政府部门存在普遍的科层结构，各层级政府的公共代理机构均存在委托代理关系，处在科层结构上游的公共代理机构承担的是行政管理职责，反之处在科层结构下游的公共代理机构承担的是公共产品供给职责。政府层级的变化将导致对应公共代理机构层次结构的变化，从而对农村公共产品供给效率造成一定影响①。

对此，国内很多学者对于改革政府级次提出了各自的看法，其中，陈东（2008）赞同精简地级政府，但反对取消乡镇政府。他认为原因有三：一是我国各地农村实际情况千差万别，农民需求也是各有不同，取消乡镇政府后，县级政府成为唯一的农村基层政府，根本不能完成对数量众多、需求差异巨大的乡村社区供给、管理和监督公共产品的任务。二是尽管村民自治已经深入推进，但是从为农民服务的角度看还远远达不到要求，仍然需要乡镇政府继续发挥职能作用②。

二、市场供给：农村公共产品的参与性供给

所谓公共产品市场供给，就是私人主体或者企业等具有营利

---

① 陈东.我国农村公共品的供给效率研究：基于制度比较和行为分析的视角［M］.北京：经济科学出版社，2008.

② 陈东.我国农村公共品的供给效率研究：基于制度比较和行为分析的视角［M］.北京：经济科学出版社，2008.

性的组织，为了寻求利润，通过市场机制，运用收费等手段弥补支出从而对医疗、教育等公共产品进行提供的一种供给方式[①]。如前所述，私人主体和企业主体在一定条件下也可以参与到农村公共产品的供给中去，这不仅可以弥补国家财政对农村公共产品投入不足的同时实现营利目的，还能够促使农村公共产品的差异化供给从而适应广大群众对公共产品的不同需要。

　　理论上，公共产品私人或企业提供的动力来自于私人主体（包括私人和企业）的"经济人"动机，公共产品供给的边际收益大于边际成本是私人供给的动力。现实中，目前我国农村公共产品供给效率较低、供求矛盾突出成为私人主体、企业主体供给农村公共产品的契机。因此，从实践来看，可以引入市场因素，通过市场机制来筹措资本提供公共产品。

　　因为中国是发展中国家，农村占据了大部分的土地，在农村公共产品上的需求数量庞大、品种千差万别、地域间差异显著，同时由于农村居民生活水平的不断提高，其对农村公共产品的需求层次也相应提高，目前的供给现状却远远不能满足需求，受我国现阶段的社会经济发展水平的限制，仅仅依靠政府财政提供农村公共产品是无法有效弥补供给缺口的。像农业耕作的机械化服务、农村有线电视网络服务、农村文化生活服务等这些准公共产品完全可以通过市场竞争来实现供给。市场失灵和政府失灵都有可能造成农村公共产品供给效率低下，农村公共产品供给与需求之间存在着一定不匹配因素，政府运行和市场机制配合发挥作用可以互相弥补本身缺陷，所以依靠市场发挥作用或者通过政府与市场合作提供农村公共产品有着现实可能性。因此，可以适当引入市场机制，建立有效的利益分享机制并切实保护投资者的合法

---

　　① 王磊. 公共产品供给主体选择与变迁的制度经济学分析［D］. 山东大学博士学位论文，2008.

权益，极大地激发市场投资农村公共产品的热情，形成公共产品供给主体多元化的大好局面。

引入市场机制参与农村公共产品的供给的目的就是要通过发挥市场的资源基础配置作用，来提高农村公共产品的供给效率，通过私人部门的参与使农村公共产品供给更符合农民的需求，这样可以有效地防止政府在提供农村公共产品过程中出现以权谋私、腐败、寻租等现象。城镇化、城乡一体化这些字眼频繁地出现在政府的纲要文件里，统筹城乡发展同样为私人民营企业的发展带来了机遇，特别是那些与农业相关的或者植根在农村的民营企业。随着经济改革的深化和市场体系的规范，我国私人部门的经济实力不断增强，公共领域的市场需求也越来越迫切，私人部门已经开始涉足更多的公共领域，由谁推动城乡经济社会协调发展，促进城镇化的实现，将资源要素配置转向农村地区？首先是政府，政府完成政策供给，但是执行在很大程度上取决企业，特别是民营企业，城镇化过程中农村相关的公共产品，像是文化设施的建设，学校和影院，甚至包括福利和农业保险，都需要私人企业的参与和促进，市场机制参与农村公共产品供给的条件已经基本成熟。

市场主体供给农村公共产品主要由两种类型[①]：第一，政府规范私人供给的方式，在这种方式下政府和私人是公私合营的伙伴关系，合作供给农村公共产品，政府可以通过以下很多方式，例如合同承包、特许经营等委托授权的方式，把公共产品的生产和供给转让给市场主体来经营；第二，私人独立供给的方式；在这种方式下，私人企业负责公共产品的投资、生产、收费等各个方面。而适合市场供给的农村公共产品主要包括准公共产品和具有排他性的公共产品。因为准公共产品范围狭窄，消费群体较小，

---

① 曾荟．多中心治理视角下农村公共产品的供给主体研究［D］．西南财经大学硕士学位论文，2012.

实现约定的交易成本很低；具有排他性的公共产品，可以将"免费搭车者"排除在外，实行收费，因此，这两种公共产品由私人和企业供给具有一定的可行性。同时，对于某些外部性不强、具有一定程度的排他性、进入成本不高的公共产品，如农村非义务教育、地方性道路、农业机械的服务等也可由私人和企业供给①。随着改革开放的发展，我国农村私人和企业主体已涉足教育、交通等诸多农村公共产品供给领域。

为了更好地推动农村公共产品供给私人和企业主体的发展，发挥其应有的作用，需要做好以下两项工作。

第一，明确产权。产权作为现代经济制度的核心问题，是非公共主体对公共产品进行供给从而获取利润的充要条件（雷晓康、贾明德，2004）②。提倡新农村建设中私人和企业主体供给农村公共产品，就要明晰农村社会公共产品产权关系，受益者按产权属性缴纳相应的服务费。只有在产权界定清晰的条件下，私人部门或企业才可以在公共产品供给方面真正享有独立且有效的决策权③。农村公共产品产权制度的创新主要包括两点：一是公共产品产权制度私有化，私人（企业或个人）获得公共产品的所有权。所有权是产权中最根本的权利，它决定了所有制的性质，私人（企业或个人）掌握了公共产品的所有权也就意味着公共产品产权制度的私有化。对此，私人（企业或个人）可以从政府手中购买原有公共产品的所有权，或通过直接投资供给新公共产品而获得所有权。二是公共产品经营权的私有化。尽管大部分公共产品的所有权和经营权是二者合一的，归政府所有。但由于有些国有企

---

① 李海涛. 新农村建设背景下农村公共产品供给效率研究［D］. 东北林业大学博士学位论文，2010.

② 雷晓康，贾明德. 市场机制与公共物品提供模式［J］. 上海经济，2002（9/10）：25—27.

③ 陈东. 我国农村公共品的供给效率研究：基于制度比较和行为分析的视角［M］. 北京：经济科学出版社，2008.

业经营效率差，所以在保证公共产品政府拥有所有权的情况下，私人和企业开始承担公共产品的经营权。

第二，建立私人和企业主体供给农村公共产品的激励机制。政府应采取措施，保证私人和企业主体的基本利益，完善政府监管机制，培育私人和企业主体维护公共利益的社会责任感，政府可以考虑对私人部门或企业进行授权、与他们订立公共产品供给契约，制定一系列优惠政策等手段来吸引私人部门或企业的投资，支持及保护其组织生产与提供农村公共产品的主动性，从而提高农村公共产品的供给效率。

三、第三部门供给：农村公共产品的补充及导向性供给

对于第三部门的界定，各国的研究者根据侧重点的不同，有不同的定义方式。一般而言，它是指那些以志愿服务大众为宗旨，据国家法律注册的有自身内部规章制度的民间公益组织，像是西方国家的各种公益基金会、日本的各种农业协会等。在我国，第三部门一般被称为非营利组织或民间组织，即是指除了政府机构营盈利机构外的所有社会组织①。

受"政企合一"和"政社合一"体制的影响，第三部门在中国的发展始于改革开放以后，随着市场经济的深入发展和政治文明的不断进步，中国致力于"小政府，大社会"的建设，这使得第三部门近年来蓬勃发展。在农村公共产品供给方面，各种非营利组织也如雨后春笋般涌现：像是扶持农村教育发展的"希望工程"和"春蕾计划"，农村地区的各种公益文化服务站，以及在农村地区活跃的各种农村协会，农民专业合作组织，也拉动了农村

---

① 曾荟．多中心治理视角下农村公共产品的供给主体研究［D］．西南财经大学硕士学位论文，2012．

公益事业的发展①。与前两种供给不同，农村公共产品第三部门供给既不是政府供给，也不是市场供给。这种供给的主要特征表现为，供给主体是农民，供给方式是农民通过成立合作组织自发、自主、合作供给，合作组织从性质上属于农民合作互助的非营利组织范畴，筹资方式是农民平摊成本费用，决策机制是农民以自身需求共同自主决策。当然，这种供给中也不排除农民私人提供农村公共产品的情况。例如，农民自发绿化、清理和修建部分农村道路等。

这种第三部门供给机制与市场供给机制有相似之处，主要表现在它们提供的基本都是准农村公共产品，相对而言，它们需求弹性较大，边际成本较高，受益范围限定在一定范围内。而适合第三部门供给机制提供的农村公共产品的需求弹性较市场主体更大一些，更接近会员人数较少的俱乐部产品，或者说更接近私人产品与公共产品的边界。从需求层次来看，这些农村公共产品基本都是农村社区公共产品，受益范围很小，具有更强的"选择性进入"特征，能在很大程度上避免产生"免费搭车"现象。正如德姆塞茨和戈尔丁所说的，存在"选择性进入"的农村公共产品可以由私人供给，在能够排除不付费的情况下，非营利组织和农民能够做到有效的提供。

学术界对多元化供给主体的论述已经很充分，农村公共产品的供给主体并不一定是政府。根据市场供给机制的分析，市场机制存在着失灵，政府提供农村公共产品也存在着低效率或者无效率，市场失灵与政府失灵的交互影响使政府供给和市场供给仍然无法完全有效弥补供给缺口，供给还存在着一定的空隙或边缘地带。如果政府与市场提供农村公共产品的交易成本远远高于社会

---

① 张晓琳. 当前我国农村公共产品的有效供给研究 ［D］. 中国海洋大学硕士学位论文，2011.

收益，那么，供给效率就非常低下，它们就会选择放弃供给，这时就应该由非营利组织或者农民个人来提供则更有效率。在现实社会中也存在大量由非营利组织或者农民个人提供农村公共产品的现象。

西方国家的市场经济基础比较成熟，在提供公共产品的方式上，政府、市场、第三部门能够互相合作，取长补短。美国学者彼得·杜拉克（P. F. Drucker）就从管理学角度指出了非营利组织向社会提供公共产品方面有自己独特的优势：非营利组织的效能是政府的两倍①。与西方发达国家相比，我国大部分地区的仍没有实现规模化经营，生产规模比较分散，农民组织化程度较低；我国的各种公益组织刚刚起步，并且整体上还非常弱小，处于依附式发展的初级阶段，缺乏自主性。我国农村的市场化程度很低，第三部门还很少进入到公共产品供给的领域当中，而从农村实际情况来看，公共环境的治理、公共文化的传播以及各种公益性事业的发展都需要第三部门的参与，目前，我国非营利组织已经成为农村公共产品供给的重要补充力量。因此，国家以及相关部门要创新社会管理方式，在加大政府部门供给农村公共产品力度的同时，还应当采取多种措施鼓励第三部门参与到农村的公共事业中来，积极发展农村第三部门，实现我国农村公共产品的多元化供给模式。

第三节　国外经验的借鉴与启示

一、发达国家的农村公共产品供给

发达国家经济水平和工业化程度都非常高，农业发展也较为

---

① 于印辉. 我国农村公共产品供给问题研究 ［D］. 东北财经大学博士学位论文，2010.

领先，然而，这些国家的农民群体依旧较为弱势，农业产业也较为弱势，在发达国家，农村与城市相比同样较为落后。因此，在工业化进程中，大多数发达国家都十分重视对农业的保护与支持，注重促进农民收入的增加。在推动农业和农村经济的发展中，财政发挥着不可或缺的重要作用。农村公共产品投入在发达国家的财政总支出中占有很大的比重，这些地区的农村公共产品供给相对来讲比较富足，基本可以满足农村地区及广大农民的日常需要。

（一）美国农村公共产品供给情况

美国尽管是一个移民国家，发展历史仅有 200 余年，但因为美国存在"以农立国"的历史传统，一贯强调农业技术的推广与使用，加上美国本身的优越条件，农业一直是国家的重要经济支柱。由于工业化的推进，美国农业产业的占比日益减少，在这种情况下，美国政府制定了一系列相关政策来鼓励和保护农业产业的发展，1995—1998 年这四年中，美国政府在农业产业上的年均财政支出高达 789 亿美元，到 2001 年，这个数字上升为 970 亿美元，所占比重达到了其农业产值的一半。经过多年来持续不断的发展建设，美国已成为世界上农业最发达的国家之一[①]。美国公共产品供给是在其农业保护政策的支持上逐步发展起来的，美国政府很少直接干预农业生产，而是从公共产品供给上给予保护和支持，美国的农村公共产品是由政府和社会组织共同提供的，目前已建立了相对完善的农村公共产品供给体系。

1. 多元化的供给体系

因为政府、市场、社会三者的分工相对明确，国家与农民的在经济方面具有优势，而地方与基层社会拥有长期自治经验及文化传统等优势，从而逐渐产生了政府、企业及社会团体多个主体

---

① 李海涛. 新农村建设背景下农村公共产品供给效率研究［D］. 东北林业大学博士学位论文，2010.

共同参与且对公共产品进行供给的多元化农村公共服务体系。相关数据显示，非营利组织全年的运作金额达到了 GDP 总额的 7%~8%，若将此类部门里义务工做出的贡献以货币来计量，其活动的价值基本达到 GDP 总额的 10%。[①] 因此，非营利组织在农村公共产品供给方面存在非常大的潜力。关于公共产品的市场供给，当前，美国政府和私人企业、研究机构及个体顾问等达成了近两千万个契约，这些项目的相关费用总额占到了财政支出的 14%。[②] 美国地方政府经常将公共产品的提供对外进行承包，包括公路、监狱管理、图书馆运作和治安消防等，地方政府的所有职能都有成为对外承包标的的可能性。在农业和农村公共产品的供给方面也不例外。

2. 美国政府的主要财政支农政策[③]

美国的政权结构是由联邦政府、州政府和地方政府构成，各级政府之间没有上下隶属关系。与之相对应的是其公共部门经济同样被划分成了联邦、州与地方三个层级，州、地方两级政府都拥有自主的财政立法权，都设有各自的财政机构。美国实行分税制，联邦政府、州政府和地方政府各有不同的收入来源。联邦政府的主要税收收入来自法人所得税、社会保险税、关税及个人所得税等。这些税种中个人所得税、法人所得税以及社会保险税占绝大部分，占比约为九成。而州政府的主要税收来自州法人所得税、州个人所得税、销售税及消费税等。市、县地方政府的税收

---

① 王玲等. 借鉴国外经验完善中国农村公共产品供给 [J]. 世界农业，2008 (6)：14—16.

② 宿一兵，汤庆熹. 美国公共服务理论对中国农村公共服务改革之启示 [J]. 湖南农业大学学报，2005 (12)：8—10.

③ 唐明义，王最. 美国农业财政政策的演变与启示 [J. 广西财政高等专科学校学报，1998 (3)：46.

文小才. 美国农业财政补贴政策的经验与启示 [J]. 云南财经大学学报，2007 (3)：39.

主要来源于地方个人所得税、财产税、地方销售税。

与美国政权结构和分税制相适应，美国政府对农村公共产品供给的财政支持也有较为明确的分工。一般而言，联邦政府负责大型的农业工程、农业补贴、各州之间的高速公路以及全国农村的社会保障等公共产品供给工作。而地方政府主要负责农村资源与环境、农村义务教育、农村社会保障、农村社会治安与消防、州内道路建设等项目。

3. 农村合作组织在美国农村公共产品供给中的主要作用

农村合作组织能够抬高组中成员和农民在市场机制中讨价还价的地位，减少生产与交易成本。获取传统的个体生产者与企业不易取得的产品或服务，为农产品和农产品之外的产品创造一定的市场机遇，促进组织成员的收入增长。因此，在政府投入以外，美国还大力支持农村合作组织、非营利性组织、私人企业和个人进行农村公共产品的生产和供给。美国农业部专门设立合作组织市场部门，为农村合作组织提供研究、管理、教育支持和帮助，同时还为这些组织提供启动资金支持，在一些产业领域有些税收优惠等。值得一提的是美国政府对合作社等民间组织发放了大量的农业补贴，最大限度地规避了农业不正当竞争行为的产生。正是在政府的有力支持下，美国的农村合作组织十分健全，农业对其的依赖性也比较高。美国的合作组织数量达到了 4 万余个，全国有四分之一的居民在享受合作组织所供给的产品或服务。美国农村合作组织涉及的面较为广泛，包括基础设施，生产生活条件，农业生产资料的购买，农产品的生产、加工、销售，农业科技服务、农业金融服务等农业生产生活的诸多方面。1995 年，美国拥有 4663 个合作组织，其中在产销方面有 2940 个，所占比例达到了 62.4%；在采购方面有 1717 个，所占比例为 36.8%。合作组织的运作资金总额为 772.66 亿美元，其中产销方面的运作资金达到了 601.78 亿美元，所占比例达到了 77.9%；采购方面的运作资金为

17088 亿美元，所占比例为 22.1％。农村合作组织加工了全国八成的农产品，生产了全国四成以上的石油和化肥，贷款也达到了全国的 40％。美国农业合作组织有效地保护了农业相对于其他产业的利益，缓和了农村公共产品的供需矛盾①。

4. 美国农村公共产品供给的具体措施②

（1）实行合理的农业政策。农业政策是美国政府给予农业方面支持的首要体现，包括农业法律制定、政策引导、农业资源保护、农产品价格补贴、农业贷款等一系列政策，利用各种农业政策从而促进、保障、发展农业，凭借制定法律、协调等形式确保农业政策的贯彻落实。

（2）重视农村基础设施的建设。一方面是农村水利工程项目，包括低洼易涝地区的明沟及地下管道排水项目建设，干旱地区农田水利灌溉设施和引水工程的修建等。另一方面是农村的其他基础设施，包括交通网络、供电设施的完善等，从而为农产品流通扫清障碍；修建学校、社区公共设施、环保设施等，从而给农民创造良好的生产及居住环境。

（3）提供农业保险保护农业。1938 年，美国农业部就成立了联邦作物保险公司，为农场主提供作物保险，以减少农场主的损失。这里的农业保险主要包括四种类型：各种风险农作物保险、团体风险保险、农作物收入保险以及冰雹保险。另外，美国政府对相关农业保险业务机构也给予了大量补贴，很大程度地降低了农民享受农业保险的成本。

（4）组织和完善农业"教育—科研—推广"体系。美国一贯强调农业方面的教育、科研与推广活动，各层级政府在农业科研与推广活动方面财政支出的持续增长恰恰验证了这一点。其农业

---

① 林祯．美国农业财政政策的变迁及对我国的借鉴［J］．农业经济与科技，2008（4）：18—19．

② 黄立华．美国农村公共产品的供给及启示［J］．北方经贸，2007（1）．

科技推广体系由政府出资、以行政部门为主要推动力量，与研究和教育机构共同完成，由农学院、农业研究、农业推广三个系统构成。

（5）重视农村义务教育和农村社会保障。在美国，联邦、州及学校所在地政府一起承担农村义务教育支出，州政府承担大多数支出，各个州和地方由资金多少获取适量拨款。三级政府中，由州政府直接承担州内地方义务教育的具体工作。另外，美国的社保制度将农民囊括其中，城乡居民可以共同享受养老保险、医疗保险等社保产品。美国农村社会养老保险制度在农村医疗保障方面主要推行大病医疗保险制度，即购买大额健康保险而不是其他基本医疗保险。此外，农村医疗合作社的建立也改善了农民的医疗保障状况。

（二）日本农村公共产品供给情况

日本属于温带地区，气候温和且空气湿润，对庄稼种植极其有利，加上日本南北狭长且均适合农作物种植，使得其农作物种类繁多。但同时由于山地多，平原少，可耕种土地不多，加上台风、霜冻及地震等自然灾害经常发生，严重阻碍了农业的发展。明治维新后，在大力推进工业化进程的过程当中，日本与许多国家类似，采用改进农业贸易条件及收取较高农业税的方式将农业剩余转移给工业发展。随着工业化进程的不断深化，日本也将一部分农业剩余通过促进农业技术推广、完善相关农业基础设施建设等方式扶持农业发展，以为工业提供更多农业剩余。到20世纪60年代末，日本工业已基本拥有了自我积累的发展能力，且逐渐带动农业的发展，其农业政策发生了较大转变。日本政府对农业的支持首先体现在农村公共产品供给方面，其对农业的保护、鼓励政策以及农村公共产品的供给体系对我国农业的发展具有很大的指导意义。

1. 日本农村公共产品供给的制度保障

与很多发达国家的发展历程相类似，在工业化发展初期，日本采取改进农业贸易条件及收取较高农业税的方式将农业剩余转移给工业发展。20 世纪 50 年代末至 60 年代初，日本进入工业化后期阶段，政府具备了利用工业发展剩余反哺农业的条件。日本针对农业制定了诸多法律法规，如《农业法》《农业基本法》《农业机械化促进法》《农业现代化资金助成法》等近 30 个法规，并多次修改《农业协同组合法》。20 世纪 70 年代，日本政府又先后出台了《农药取缔法》《土壤污染防治法》等法律法规。1999 年以后又陆续颁布了新的《食品、农业、农村基本法》《食物、农业、农村基本规划》《持续农业法》《有机农业法》等法规。在国家制度的基础上，地方政府也制定了一系列地方规划和相应的地方法，这一系列的政策法规构成了一个完整的农业政策制度保障体系，从制度上确保了日本农村公共产品的供给①。

2. 日本政府对农业的支持与保护

日本政府对农业投入力度非常大。日本采取的是多元化农村公共投资形式，因为日本农业实行的是具有分散性的小规模家庭经营模式，这种农业特征决定了农村公共产品所需费用无法通过农户自身投入来保障，只能通过政府、个人、以及以农协为代表的非政府组织协同解决。日本政府作为农村公共产品的供给主体，在发达国家中，其对农业的支持力度和保护程度最高。20 世纪 80 年代以来，日本政府每年农业补贴总额都在 4 万亿日元以上，目前更是达到每年约 10 亿日元的水平，对农业的补贴已经超过了农业的收入。经合组织相关统计数据表明，2000 年，日本财政对农业的补贴已经达到了国内生产总值的 1.4%，而同期的农业收入仅占国内生产总值的 1.1%。农林水产省于 2000 年还采取直接补贴

---

① 张增. 中国农村公共产品供给 [M]. 北京：社会科学文献出版社，2008.

的方式来帮助山区农民，补贴资金为 740 亿日元。农民农业收入中，财政补贴占到了 72%之多[①]。

3. 农村合作组织在日本农村公共产品供给中的主要作用

农业的小规模经营是日本农业发展的一大特点。仅从公共产品供给的角度分析，这一特点是一个较大的发展障碍。为此日本在不否定农户自主经营的同时，大力完善服务性协作组织，如农协、土地改良区、木纳等，其中尤以农协的作用最为明显。日本农协是由农业、农村、农产三个组织所构成的综合性社区组织，几乎所有农户都是农协的成员。农协为农民提供各种服务，这种组织的农村综合服务基本延伸到了日本的所有领域。①指导事业。比如营农指导，也就是农协对其成员的种植与出售等农业经营行为给予一定的指导，如土壤改良、栽培技术、农药施用、引进良种、市场信息以及标准化生产等。②农业生产资料供应。通常农民使用的化肥、农药、农用薄膜、农业机械、饲料、民用煤气的一半均是由农协提供的。③农产品销售。农协利用委托方式为农民提供代销服务。畜牧、果蔬、园艺、奶类等基础农产品，超过七成由农协代替农民运作，尤其是大米、小麦、牛奶等农产品，这个比例甚至超过九成。④农村金融服务与农业保险。所有农协一律设有金融部、共济部。利用县信联—农林中央金库—日本国家银行等链条，接收农民储蓄，提供农村信贷业务；利用基层农协—县共济联合会—全国共济联合会提供农业保险业务。⑤信息服务。农协组织已经形成了便捷高效的信息系统，以及覆盖整个日本的网络及反馈路线。⑥公共利用设施。建立加工、储藏、培育中心设施，如大米加工中心、茶叶加工厂、肉牛育肥中心等。不管是农协直接经营的，还是农协扶持的，以及农户自己经营的，

---

　　① 匡远配，汪三贵. 日本农村公共产品供给特点及其对我国的启示 [J]. 日本研究，2005（4）：49—54；王书军. 中国农村公共产品供给主体及其行为研究 [D]. 华中科技大学博士学位论文，2009.

最终由农协统一组织[1]。

此外，农村公共产品的供给不得不涉及木纳及土地改良区，二者组织农民参与起到了关键作用。1959 年，日本依照《土地改良法》正式建立了土地改良区，土地改良区是独立法人，且成员的加入与收费都具有强制性。成员通过选举，选出总代会代表，总代会该组织的最高决议机关。所有与农业土地改良设施、灌排水相关的契约、合同的订立、变更、废除和贷款、偿还、各项费用征收形式的制定等都是总代会负责的，而具体执行与监督活动则是理事会与监事会的职能。木纳是以家庭作为基本单元的乡村社区，通常由 30～50 户农户构成。木纳在社会活动组织方面的作用非常明显，基本涵盖本社区内的一切合作行为，像沟渠、公路、神殿的日常维护和节日庆典、葬礼活动等。依据农户人数与种植面积参与木纳活动。木纳是土地改良区（原名灌溉协会）的基础，木纳挑取若干人来参加土地改良区代表会议①。日本"农协"，是一个由农民志愿联合的经济合作组织。它的范围十分宽广，业务内容包括对农业科技推广，生产资料购买，农产品存储、加工和销售，甚至信贷、医疗、保障、教育、文化娱乐等诸方面，对二战以后日本农业发展的影响十分显著。

4. 日本农村公共产品供给主要投入方向和具体措施

（1）农业基础设施建设投入，主要包括农用地建设、农用地整治、农用地垦殖及发展、农业水利工程、农用道路修建、环境整治、农村综合开发和农用地灾害防治等。这些项目根据性质和规模大小由不同部门负责，大型工程由政府负责投资，中小型工程由政府提供补贴，由地方政府、农民和农村合作组织负责投资，其中光补贴一项就占到了总投入的八到九成。

---

① 中国农业外经外贸信息网．日本农业概况［EB/OL］．httP：//www.cafte.gov.cn/ggnygk/20041020/344.asp，2003-6-11.

（2）农业技术推广和农业现代化投入，主要包括农业科教和资助农户购买现代化农机具实现农业机械化。日本特别强调农业的教育、研究、技术开发及推广活动。日本有农业大学 66 所，中等农业技术学校 677 所，大部分日本国立综合性大学都设有农学部，同时建立了许多农业技术人员培训与农民进修组织。日本中央财政、都道县府均有农业科技专项预算。农业推广开支中，中央与地方一起负责的支出包括两个主要方面：一是专项支出，中央与地主政府依照一定的比例进行分担；二是依据各县特殊活动需要给予的补助支出，要求提供相应的配套经费。日本被划分成 9 个大区，这 9 个区均设有农政局，从而对都道府县的农业技术推广活动及支出进行监管。

（3）对农产品实行价格保护补贴。从 20 世纪 80 年代至今，日本对农业的补贴一直处在 4 万亿日元左右的水平，1985 年，日本农业预算支出占到了其总预算支出的 5.1%，同时占到了其农业生产总值的 22.8%。据测算，20 世纪八九十年代，以日本为 100 作为基数对人均农业预算额进行比较，则美国为 84，法国为 134，英国为 61，德国为 79，日本的人均农业预算额在世界主要发达国家中仅低于法国，位于农业补贴最高国家的行列之中①。

（4）农村义务教育和社会保障。日本实行城乡一致的义务教育财政体制。在《义务教育经费国库负担法》等中规定，中央政府对农村义务教育的经费投入主要通过两种方式实现：第一是中央政府的国库支出金，第二是地方交付税。据统计，自 1940 年到 1996 年这 50 余年中，日本财政在义务教育方面超过一半的投入被用在市町村的义务教育补助。日本对农村义务教育十分重视，一方面，制定并不断健全相关法律；另一方面，中央财政给予农村

---

① 杨会良，梁巍. 日本农村义务教育财政制度变迁与启示 [J]. 日本问题研究，2006（2）：20.

町村政府很大的财力支持，从而保障教师工资的足额及时发放，进而很大程度上促进了农民文化水平及素质的不断提高[①]。日本的农村社保制度具有很强的地域性特征，是以农民为对象建立起来的。日本农村社会保障涵盖了许多方面，比如农村社保制度、国家救助制度、狭义的社会福利制度和公共卫生等。

（5）金融服务体系。日本农业的显著特征是农业小规模经营占主导地位，而农业投资具有投入风险大、周期长的特征，普通的商业性金融机构很难支撑。因此，日本农业金融服务体系主要用三部分构成，政府金融机构、合作金融机构、民间商业性金融机构。政府农业金融服务机构主要是农林渔业金融公库，这一公库是依据20世纪50年代订立的《农林渔业金融公库法》而建立的政府农林渔业财政信用机构，该机构不吸引存款，资本全部由政府提供。农林渔业金融公库资金用于农业、林业和渔业的比例大致为75％、15％和10％，即以农业为主，在农业中又以农业基本建设为主。在日本农林渔业金融投资中合作金融占主导作用，其次是政府金融，民间金融份额最少。正是这种良好的金融服务体系为二战后日本以农业财政金融政策为手段大力推行了扩大农业经营规模政策、农业技术政策、农产品结构调整政策和农产品市场政策，促进了日本农业的健康发展[②]。

（三）欧盟的农村公共产品供给情况[③]

在欧盟，农村及农业发展状况普遍较好，大体上完成了城乡一体化及一、二产业的融合，原因是其成员国特别强调农村的发展。1999年，欧盟制定并出台《关于欧盟农业指导与保证基金支

---

① 陈艳．日本农村福利制度对我国新农村福利制度建设的启示 ［J］．科技经济市场，2007（3）：161

② 中国农业外经外贸信息网．日本农业概况［EB/OL］．httP：//www. cafte. gov. cn/ggnygk/20041020/344. asp，2003-6-11.

③ 邵源．国外有关构建农村公共产品供给机制的理论依据与实践经验 ［J］．经济研究参考，2007（12）：40—45.

持农村发展条例》，对农村发展政策进行了特别强调。该条例十分重视农业对农村发展的各方面作用，把农村与农业发展看作欧盟共同农业政策的重要支撑，提出要重点加强生态保护，最终实现农业、农村与生态环境和谐发展的良好局面。此条例还加大了成员国对农村公共产品供给问题的关注程度，比如贫困地区公共设施的完善、农业生态的保护、农业技术的推广、义务教育的完善等。

欧盟的农村公共产品供给较为充分，主要表现在以下几个方面：

（1）完善的农村基础设施。欧盟国家拥有完善的高速公路网，而且还将其延伸到了农村地区，将村镇与各大城市紧密相联，发达的高速公路网为农民的生产及生活都带来了很大的便利。欧盟成员国对农村公共基础设施的完善体现在很多方面，比如水利设施、土壤改良、供水供电等。

（2）公益性的农产品市场体系。在欧盟的成员国中，多数国家都形成了相对健全的公益性农产品市场，从而给广大农民搭建了便捷的交易平台，另外，其成员国基本都拥有完善的市场信息网络，使得各成员国间农产品的贸易往来十分频繁。

（3）发达的农业科研教育。欧盟各成员国政府对农业教育、研究与技术推广事业的大力支持是促进其农业发展的重要因素。这些国家都形成了较为完善的农业教育与研究体系，政府财政在这方面的支出十分巨大，比如农业科学技术教育、农业研究、农业技术支持与推广、农民培训等。

（4）各类发展基金。为了实现农村公共产品的有效供给，推动农村经济增长，欧盟设置了一系列农业发展基金，比如农业指导与保证基金、地区发展基金、社会基金等。其中，农业指导与保证基金的作用是支持农业经营投资、确保青壮年农民的妥善安置、对条件较差地区进行资助推进其发展以及资助财力匮乏的农村地区公共设施与项目的建设等；地区发展基金的作用是对财力极度匮乏地区进行资助以完成其大型基础设施项目的建设；社会基金的作用是鼓励农民的培训与就业计划，帮助从事农业、林业生产活动的相关人员或失业人员学习掌握新技能，尤其是利用资金支持给年轻劳动力创造更多的就业机会。

（5）提供完善的社会保障公共产品。欧盟各成员国的社保体系大致体现在三个方面，即社会救助、社会福利与社会保险，其中前两个方面只针对社会中的最低收入者。这些国家不仅极度重视低保、初级卫生保健、义务教育的完善，还十分强调对贫困公民的帮扶，不断延伸公共产品与服务的规模及范围，最终达到所有公民均能享受到公共服务的大好局面。[①]

二、发展中国家的农村公共产品供给

大多数发展中国家的农业在国民经济中占有较大的比重，而且，农业普遍落后，农业人口占总人口的比重也较大，农村经济社会发展远远落后于城市，与中国相似，它们也呈现出明显的二元经济特征。但是，农村公共产品的供给效率会对农民的生产、生活水平，农业产业的进步以及农村地区的稳定带来直接影响，由此，发展中国家也逐渐意识到农村公共产品有效供给的重要性。虽然现阶段绝大部分发展中国家的农村公共产品供给都存在着一些问题，但是，他们对农村公共产品供给的政策和措施仍有值得我们学习的地方。

（一）韩国农村公共产品供给情况

与中国相类似，韩国也同样经历了日本 36 年的压榨和 3 年的朝鲜战争，国家经济受损严重。到 1960 年前后，韩国仍然是一个

---

① 范伟，兰文飞. 强化公共服务职能　推进公共服务创新——中欧政府管理高层论坛综述［N］. 学习时报，2004-6-21.

落后的农业国。1962 年，韩国人均国内生产总值刚刚达到 82 美
元，第一产业产值在国内生产总值中占到了 43%，从事农业生产
活动的人口在就业人口中的比例高达 63%，在所有农户中，大约
八成居住在茅草房中，仅仅两成农户用上了电，5 万个自然村只有
60%通汽车①。韩国开展了两个五年计划来推动经济增长，其主要
措施是促进产业发展与增加出口贸易，并通过价格剪刀差等手段，
压低农产品价格，强制转出农业生产剩余，为工业化积累资本。
这些措施推进了韩国的工业化进程，但也使得韩国工农差距、城
乡差距、贫富差距逐步扩大。1962 年，在年均家庭收入方面，韩
国农村地区是城市地区的 71%，这个数字在 1969 年减少至 65%，
1970 年甚至减少到了 61%②。由于工业化进程的逐渐深入，农村
地区得到了韩国政府的关注，因此政府开展了以"勤勉、自助、
协同"为口号，以"脱贫、自立、实现现代化"为基本目标的
"新村运动"，来推动农业及农村的进步，改善农民生活水平，获
得了令人羡慕的经济社会效益③。"新村运动"是对韩国农村经济
改革及其成功经验的一种理论概括，从 20 世纪 70 年代初兴起到现
在已有近 40 年的历史。

　　韩国"新村运动"的主要内容有：一是实现农村社会发展。
具体措施包括改善环境与农村排污系统、修建卫生供水系统、公
共浴池、公用水井及洗衣房；开展房屋的屋顶改造与维修、乡村
的重建；完善公共基础设施，包括农村供电系统的完善、公用电
话的普及等。二是推动农村经济增长。一方面，完善农业基础设
施，如修建及扩宽道路、兴修和健全水利设施等；另一方面，实
行一系列增加农民收入的措施，包括经济作物的推广、专业化生

---

① 卢良恕. 韩国农业发展与新乡村运动 [J]. 中国农学通报，1997 (6)：16.
② 卢良恕. 韩国农业发展与新乡村运动 [J]. 中国农学通报，1997 (6)：16.
③ 尹保云. 韩国为什么成功——朴正熙政权与韩国现代化 [M]. 北京：文津出版社，1993.

产区和新村工厂的建立等。

此次"新村运动"实行的基本措施包括以下几个方面：首先是凭借政府在政治上的特殊权利与指导作用，从政治上保证"新村运动"的顺利进行。其次是在家族亲缘关系的基础上促使农民利益集团的形成从而对它们的利益需求加以体现。最后是"扶人先扶志"，强调对农民的思想改造，比如奖励多劳者、惩罚懒惰者，建立新村培训学校，为"新村运动"培训优秀人才等，进而推动农村经济增长[①]。

简而言之，新村运动从本质上讲就是一项使得农村公共产品供给集中化、城乡差距变小的农村社会综合治理活动，这里的很多措施都值得我国学习，特别是新村运动的组织及开展形方式。新村运动大体经历了以下两个阶段，第一阶段侧重于农村基础设施方面的公共产品供给。"新村运动"提出了包括房屋改造、道路硬化、农田灌溉设施建设、供水供电完善等一系列工程项目，并由当地基层机构自主选择。在基础设施的供给上，"新村运动"注重从改善民生和改善农村生产条件两方面出发，建立和完善了农村道路、农村水电、煤气、洗衣房、图书阅览室、农村灌溉系统、河流治理工程、农村副业市场、农村批发市场等一系列农村公共基础设施和公共服务。在第二阶段中，"新村运动"则将重点放在了推进新农村精神文明建设的制度化上来，积极开展农村教育、农村文化、农村福利事业、农村医疗服务等公共服务事业。

在公共产品供给筹资方面，为了支持农村的经济发展，公共部门还贷款给农民，期限为 30 年之久，且利息非常低，并设立很多专项资金支持农村建设。此外，韩国政府还对医疗、教育、卫生等方面给予了很多政策优惠，如税收减免，政府补贴。另外，

①　刘会柏．论韩国新村运动对我国农村公共产品供给的启示［J］．商场现代化，2007（3）：245.

韩国政府还在扩大非农收入、建设现代化的农渔村、扩建农渔村公路、鼓励经营农业、增加信用保证基金、搞活农用耕地交易、健全食品加工制度、建立竞争制度、建立健全农业支持机构等方面推出了诸多具体措施[①]。

韩国在"新村运动"中，形成了很多农村合作组织，比如农机合作社、稻谷合作社、农业技术培训班和交流会、青年俱乐部、主妇小组、自助农协会等。利用各级各类农村协作组织来吸引社会资金对农业发展、生产及生活指导、统一购销、公共设施建设与管理、金融服务、医疗服务、信息服务等方面的支持与合作。在"新村运动"，这些非政府组织是村级项目的主要执行者。由于大多数农民都参与到了各类农村合作组织，从个人意愿表达上农民需求成为第一顺位，公共产品的供给方向和效率得以保障，这是有很多政府部门无法企及的优势[②]。

（二）印度农村公共产品供给情况

印度地处亚洲南部，面积达到了 297.47 万平方公里，土地与水资源富足，人均耕地面积 0.17 公顷，基本达到了我国的两倍。印度平原面积、山地面积、高原面积分别占国土面积的 43%、25% 和 32%。印度境内气候适宜、土壤肥沃，平原和高原地区分布有大面积的冲击土和热带黑土。尽管印度农业自然条件较为优越，但受人口、资金、种姓歧视制度等因素影响，其农业发展水平并不高。但由于印度与中国一样是一个人口众多的发展中农业大国，借鉴印度农业和农村发展的经验和教训对中国具有十分重要的意义。

印度是一个民主和法制国家，几乎所有的农村社区在农村公共产品供给方面都是同等的待遇和标准。印度在农村公共产品供

---

① 曾荟. 多中心治理视角下农村公共产品的供给主体研究 [D]. 西南财经大学硕士学位论文，2012.

② 韩立民. 韩国"新村运动"及其启示 [J]. 中国农村观察，1996（4）：63.

给方面的制度安排非常清晰，提供公共产品的主体为邦（州、省）一级政府，供给的所有环节均由省级政府进行实施与管理，而不是由上级层层下达、级级管理。省级政府承担公共产品的招投标工作，并且尽可能促使合作方使用本地的农村劳动力；而村级政府承担项目的申请与参与工作，并监督和配合项目的开展。这从制度上为农村公共产品的充足及有效供应提供了保障。因此，印度农村尽管还存在大面积的贫困和城乡差距，但较为富足的公共产品供给形成了一道强有力的保障线，确保农民无论如何贫困，也不至于突破死亡的底线。

一直以来，印度政府在农村公共产品供给的资金筹集上给予了很大的政策倾斜。首先，印度中央银行逐步扩大对农业的短期贷款，而且还通过联邦合作银行及农业开发银行对农业提供中长期的贷款。其次，印度政府为了确保国家在农村公共产品投入资金不足的情况下能完成农村每项基础设施的建设，还成立了农村基础设施投资基金。它不仅向联邦政府、非政府组织发放基础设施项目贷款，而且还给中央为农业提供的中长期贷款提供信贷保险，很大程度上协调了农业农村信贷的发展，促进了农业农村发展的研究。

自 20 世纪 70 年代以来，印度的农业经济取得了迅速的发展。这都得益于当时在农村推出的"绿色革命"工程。这项工程主张改变以往的工业投资倾向，转移到优先发展农业产业，加大对农业的投资上来。政府实施了很多对农业的扶持政策，改善农业生产条件，提高农业的综合生产能力。另外，政府还建立粮食缓冲储备，改善仓库设施，加强农业风险管理；建设农村电网和乡村公路，改善运输条件，保证农业生产所需的各种物资能够及时运到农村，加速各种农产品运往其他消费地；增大对置办农机的补贴力度，从而扩大农业机械化[①]。

---

① 长青. 印度的绿色革命及其带给我们的启示［J］. 中国软科学，1995（10）：103.

印度大量的财政支出都投入到了农业的教育、技术开发与推广以及农村社保体系的完善之中，依靠农村教育的发展，来提高农民的素质及科学文化水平，从而促进农业科技进步。

印度全国合作组织联合会是其在农村广泛存在的一种农村合作组织。印度政府通过支持农村合作组织的方式发展农业，扩大农村公共产品提供的范围。为了促进农合组织的发展，还颁布《合作法》来保障农合组织在法律上的有效性，并利用免除所得税等优惠措施来鼓励其发展。这一组织根据任务目标、任务不同，分为许多不同的种类。为会员提供金融服务的主要有信用合作组织和土地开展合作银行。包含"联合耕种合作组织"和"集体耕种合作组织"两种形式的农业耕种合作组织使更多会员能够统一耕种土地，从而提高机械化水平，降低农业生产成本，提高农业收益。农业销合组织的基本职能是为农民提供种子、化肥、农药、生产工具和其他生产资料、为成员代销农副产品。加工和仓储类的合作组织主要是建设各种类型的农产品加工企业，利用会员的农产品原料，加工各类深加工产品，从而获得更多的农业收益。印度农村还存在牛奶合作组织、渔业合作组织等多种农村合作组织。由于印度人口众多，农业基础条件较差，因此在农村建设上，政府将有限的资金更多地投入到硬件建设、社会保障等方面。而农村合作组织则在科技推广、产业化经营等软性公共产品供给方面起到了十分关键的补充作用①。

（三）泰国的农村公共产品供给情况

泰国，也被称为"东南亚粮仓"，农产品是其出口的主要商品，农业在其国民经济中占有的比例非常大。泰国政府非常重视农村公共产品的投入，把加强农业和农村基础设施建设作对农村

---

① 宗义湘，王俊芹，刘晓东．印度农业国内支持政策［J］．世界农业，2007（4）：37.

公共产品供给的主要内容。泰国政府为减小自然条件对农业和农村居民生活的影响，加强农业和农村基础设施的建设，注重兴建大中型水利工程，修筑乡村公路，架设电力线路，强调农田灌溉、山区道路和日常供电等的改善。此外，泰国政府也十分强调农村地区文、教、科、卫和社保等的发展，完善农村基础教育设施、医疗卫生设施，加强对农村居民卫生设备的供给，帮助他们排污、除废，提高公共卫生服务的范围及质量，如 2000 年泰国政府的卫生支出占整个社会医疗卫生支出的 56.3%，政府支出占了大部分。上述一系列措施使得农民的自力更生能力有了显著提升，为农村经济增长与社会进步起到了极大的推动作用。

泰国政府重视农村的市场体系建设，劳动力市场体系、资金信贷市场体系及产品市场体系均较为完善。一是劳动力市场体系。农村劳动力的供求关系会受到生产季节的极大影响，所以，泰国的农村经济市场化进程中，与农业生产活动表现出高度同步化，最终形成了具有现金交易特征的农村劳动力市场体系，扩大农村劳动力流动范围是农业经济发展的需要。二是资金信贷市场体系。为了给农村居民的生产生活提供保障，1969 年，农业银行在泰国成立了，同时农业合作社也加入了农村信贷市场。1975 年，泰国针对农村信贷市场制定出《商业银行农业信贷条例》，条例规定商业银行的农业信贷放款额每年都要依既定比率增加。1983 年，泰国制定出"面向农业和农村信贷政策"，规定所有商业银行发放的农业贷款额至少要与上一年度存款额的五分之一持平，而且其中的 13% 一定要直接放到农民及地方农业企业手中。三是产品市场体系。每样农副产品均形成合理的机制、发达的批发市场以及畅通的价格信号，这直接指导并推动了农业生产活动的进行[1]。

---

① 樊宝洪. 基于乡镇财政视角的农村公共产品供给研究［D］. 南京农业大学博士学位论文，2007.

另外，泰国政府对农业技术的推广工作也特别重视，培养出各种技术人员，从而加快农业发展。在泰国，从事农业生产活动的人口在总劳动人口中所占的比例高达 71.79％，为确保广大劳动人口实现顺利就业，泰国政府因地制宜，把农业技术推广与培训工作延伸到了广大农村，让他们接受农业学校与学院的正规化教育，向农业领域输送众多的技术人才，进而推动农业与农村的快速发展。

三、国外农村公共产品供给经验对我国的启示

通过对以上国家农村公共物品供给情况的考察和研究，发现尽管这些国家（不管是发达国家还是发展中国家）政治、经济、文化、历史等方面有所不同，但对农村公共物品供给的支持和引导方面都有共同之处，值得我国借鉴。①

（一）构建以政府为主导的多元化农村公共产品供给体系

从各国建设农村的经验来看，形成以政府投入为主导，同时积极鼓励和调动各类合作组织、私营企业、个人参与的多元化的供给体系，是他们实现农村公共产品有效供给的重要因素。然而，单一由政府提供农村公共产品，是无法实现有效供给的。在美国等发达国家，医疗服务主要由非营利组织提供；在印度等发展中国家，非政府组织是促进农村基础教育发展的重要力量，在目前我国中央财政转移支付相对不足的情况下，想要保障农村公共产品或服务的供给，就一定要依靠除政府外的主体参与供给，适当分解公共产品的供给工作，同时要确保资金来源，从而使得多个主体参与分担公共产品的供给工作，这对于优化农村公共产品供给将起到极大作用。政府应革新农村公共产品供给构成，使参与

① 廖红丰，尹效良.农村公共产品供给的国际经验借鉴与对策建议［J］.现代经济探讨，2006（2）.

主体逐步多元化，最终实现以政府为主，以市场与其他组织提供为辅的公共产品供给格局，以缓解目前农村公共物品供给的困境。

在供给方式上，对于包括农村大型基础设施建设、基层政府服务、农业科技研究、农村义务教育等应该由政府担任供给主体；对于农业生产资料供给、农业产业化经营等可以通过发展农村合作组织的方式进行；对于农村电信、有线电视、自来水、农村职业教育等政府应在政策上给予引导，引入市场化的供给方式，吸引社会团体、企业、个人投资。

（二）支持农村合作组织的建立和完善

从各国农村生产合作的经验来看，政府对农村合作组织和协会在农业生产和农村经济发展中的作用是非常重视的，并且给予了相应的政策支持和法律保障。包括订立并健全农业法律法规，针对农村制定一系列的税收与信贷优惠政策，政府支持合作社的教育及培训活动等。关于农村公共产品的供给，各种农村合作组织和其他社会组织比较容易掌握农民的真实偏好与需要，相对于政府而言，它们能够更加有效地适应特定群体的特殊需要，为政府在公共产品的供给上分担一定压力。此外，随着私人部门的不断参与，使得农村公共产品的供给形式与结构发生了极大变化，这对农村公共产品供给效率的提高起到了很大作用。目前来讲，我国要巩固政府在农村公共产品供给中的主导地位，也要注重农业协会、行会、专业合作社等农业合作组织的发展，从而加强对农业及农民各项合法权利的保护，推动农民收入的增加，促进农业竞争力的提升。政府要制定和实施一系列政策措施，鼓励农业专业经济组织的形成和发展，引导农民工组织的形成，支持基层农民协会等组织的发展，从而健全农村公共服务体系，促使农业产业化的顺利进行。利用农村组织形式支持并引导农民自治，建立农民互助机制，加大对农民各项权利的保护力度，实现农村公共产品的足额、有效供给，进而缓解因农村经济社会落后所导致的一系列问题。

（三）注重农村公共产品供给的层次性选择

由于财力所限，政府不可能在农村公共产品的方方面面进行齐头并进式的建设和供给，这是任何一个国家都无法做到的。总体来看，虽然各国因政治条件、自然条件和经济条件的不同，在农村公共产品供给的种类、数量和优先次序上略有不同，但依然具有一定的规律性。即随着国家财力的增加，农村公共产品供给也呈现出由低层次向高层次发展的趋势[①]。一般而言，在经济发展水平较低的阶段，政府首先提供的是满足农业生产需要的公共产品，如水利设施、道桥、农村电力、大型农具等；随着经济发展水平的提高，政府逐渐加大对农民生活所需的农村公共产品的供给，包括公共治安、社会保障、医疗卫生、教育、文化、农业信息服务等。而当农业发展到较高水平以后，将转向保证农民收入、调整和优化农业生产结构、农业资源与环境保护等方面的公共产品供给。

由于长期以来我国农村公共产品供给不足，导致农业基础设施薄弱，农业机械化水平较低，农村社会保障脆弱等诸多方面都存在明显不足。虽然近年来我国工业发展迅猛，国家经济实力得到显著提高，政府也已逐步加大对"三农"问题的投入，但我们也应该认识到，我国要缓解目前农村公共产品供给的困境是一个漫长的过程。因此，我们可以借鉴国外的经验，分层次、有重点地为农村提供急需的公共产品。

（四）扩大农村公共产品供给内容

虽然二元经济结构许多发达国家也曾经历过，但在进入工业化发展中后期以后，大部分国家均采取有力措施缩小工农之间、

---

① 王朝才，傅志华．"三农"问题：财税政策与国际经验借鉴［M］．北京：经济科学出版社，2005.

城乡之间的差距。正是基于农民和其他各阶层同等的"国民待遇"这一基本原则，各国政府不断加大对农业、农村、农民的扶持政策，提高了农业的现代化程度，改善了农村的面貌，提高了农民的生活水平。由于我国长期实行二元经济政策，城乡差距明显。仅从公共产品供给的角度分析，城乡居民所享受的公共产品从数量到质量都存在明显差别，如农村教育资源、农村居民养老保险、农村医疗保障、农村水电等。因此，在城乡一体进程中，政府应参考其他发达国家的先进经验，扩大农村公共产品供给的内容，在农村教育、社会保障、文化建设、基础设施投入方面给予农民和城市居民同等的国民待遇。

本 章 小 结

本章在分析了农村公共产品供给主体的演变及选择的基础上，结合我国的基本国情，对城乡一体化进程中我国农村公共产品供给主体的演变及选择进行了考察，农村公共产品从政府供给逐渐变为政府、私人与社区以及第三部门多主体供给，并在此基础上对我国农村公共产品供给主体的责任进行了合理的界定，最后对国外农村公共产品供给的经验进行了分析，包括发达国家农村公共产品的供给经验和发展中国家农村公共产品的供给经验，从分析视角上则主要考察各国农村公共产品的供给主体、主要政策以及效果突出的主要措施。各国根据不同的历史时期和不同国情特点，做出了许多有益的尝试和探索，积累了许多成功的经验和失败的教训，这些经验和教训对我国在城乡一体化进程中农村公共产品的有效供给问题有很好的参考和借鉴价值。

第五章　政府财政支出结构及转移支付制度创新分析

从第三章对农村公共产品的供给现状分析可以看到，山东省农村公共产品的供给普遍不足，且地区之间存在明显的非均衡状况。本章结合山东省的财政支出结构，对山东省公共产品供给困境的财政原因进行了分析，并进一步对其深层原因进行探讨，最后在此基础上提出相应的政策建议。

第一节　农村公共产品供给与政府财政支出的关系及财政支出结构分析

一、公共产品供给指数与人均财政收入的因果关系检验

由第三章的分析我们知道，山东省的公共产品供给可以分为两个层级，第一类为公共产品供给水平较高的地区，第二类为公共产品供给水平一般或较低的地区。下面我们将分别对这两类地区的公共产品供给指数与人均财政收入进行格兰杰因果检验。按照上述格兰杰因果检验思路，对公共产品供给水平（B）与人均财政收入序列（A）的因果关系检验结果见表5-1和表5-2。

表 5-1　公共产品供给水平较高的地区 Granger 因果检验结果

Null Hypothesis：	Obs	F-Statistic	Prob.
A does not Granger Cause B	7	0.04491	0.9570
B does not Granger Cause A		1.44332	0.4093

Lags：2

从表 5-1 中的 Granger 因果检验结果我们可以看出：对于公共产品供给水平较高的地区，可以认为约在 60% 的置信水平下，人均财政收入是公共产品供给水平的格兰杰成因；约在 96% 的置信水平下，公共产品供给水平不是人均财政收入的格兰杰成因。因此，通过对公共产品供给水平与人均财政收入的 Granger 因果检验结果，我们可以大致认为，对于公共产品供给水平较高的地区，人均财政收入对公共产品供给水平具有决定作用。

表 5-2　公共产品供给水平较高的地区 Granger 因果检验结果

Null Hypothesis：	Obs	F-Statistic	Prob.
A does not Granger Cause B	7	0.17554	0.8507
B does not Granger Cause A		1.90884	0.3438

Lags：2

从表 5-2 中的 Granger 因果检验结果我们可以看出：对于公共产品供给水平较低的地区，可以认为约在 66% 的置信水平下，人均财政收入是公共产品供给水平的格兰杰成因；约在 85% 的置信水平下，公共产品供给水平不是人均财政收入的格兰杰成因。因此，通过对公共产品供给水平与人均财政收入的 Granger 因果检验结果，我们可以大致认为，对于公共产品供给水平较低的地区，人均财政收入对公共产品供给水平具有决定作用。

因此，总体来说，我们可以认为山东省人均财政收入是公共产品供给水平的格兰杰成因，公共产品供给水平不是人均财政收入的格兰杰成因，人均财政收入对公共产品供给水平具有决定作用。

二、山东省财政支出总量分析

山东省是全国粮食作物和经济作物重点产区，也是全国重要的能源基地之一，近年来，其经济社会取得了巨大的发展，地区生产总值由 1997 年的 6537.07 亿元增长为 2011 年的 45361.85 亿元；财政支出水平从 1997 年的 423.33 亿元猛增到 2011 年的 5002.07 亿元；财政支出占地区生产总值的比重 1997 年仅为 6.48％，2009 年增长到 11.03％。如图 5-1 所示，山东省不论是在地区生产总值和财政支出总量水平上，还是在财政支出占 GDP 的比重上，都有着持续的增长趋势。

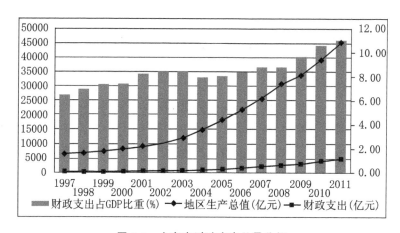

图 5-1 山东省财政支出总量分析

三、山东省财政支出结构分析

如图 5-2 所示，2011 年山东省财政支出主要用于教育（21％）、一般公共服务（12％）、农林水事务（11％）、社会保障和就业（10％）等四个方面，而文化教育与传媒（2％）、科学技术（2％）、公共安全（6％）、交通运输（6％）等领域的投入较少。

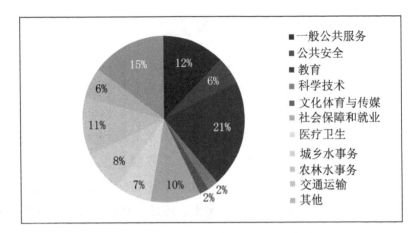

图 5-2　山东省财政支出结构分析（2011）

四、山东省各区域地方政府财政收支的比较

从表 5-3 可以看出，山东省 17 个区域 2011 年人均财政支出的差异相当大，人均财政支出最高的东营市是人均财政支出最低的菏泽市的 4.04 倍，人均财政收入最高的青岛市是人均财政支出最低的菏泽市的 6.4 倍；我们可以看到，人均财政收入最大值与最小值的比值为 6.4，人均财政支出的最大值最小值的比值降低为 4.04，这表明财政转移支付在缩小地方人均财政最值差距上起到了明显的作用；然而，从两者的变异系数和均等化指数来看，虽然人均财政支出非均等程度比人均财政收入非均等程度有了一定程度的改善，但是这种改善并不十分明显，这也从另一个角度表明，山东省地方政府财政转移支付制度对于各区域财政收入差距的调节效果并不理想。

表 5-3　山东省各区域人均财政收支横向比较分析

指　标	均　值	标准差	变异系数（％）	最大值	最小值	最大值/最小值	均等化指数
人均财政支出	5048.42	2147.64	42.54	9668.69	2395.77	4.04	0.5746
人均财政收入	3517.66	1962.17	55.78	7387.39	1154.61	6.40	0.4422

五、结果分析

从上文对山东省财政支出的总量分析、结构分析和地方政府财政收支比较分析并结合对公共产品供给指数与人均财政收入的格兰杰因果检验分析结果，我们可以得出结论：地方政府财政能力的差距是导致不同地区公共产品供给水平差距的最直接的原因。

从全国的角度来看，目前我国财政体制的一个突出问题就是中央政府与省级地方政府、省级地方政府与省级以下地方政府之间财权与事权倒挂，公共服务职能的划分不够明确。从 1994 年分税制改革以后，大部分税收收入逐渐从地方转移到中央，中央政府的财政收入占我国总财政收入的比重由分税制改革以前的 22％上升到 2008 年的 53.3％。然而在地方财权不断向中央转移的同时，地方政府的事权却没有相应的转移，2008 年中央一级财政支出仅占总财政支出的 21.3％。这就意味着，地方政府用 46.7％的财政能力支持着 78.7％的财政支出①。此外，省市级政府还是依照分税制模式对其与下级政府间的财权事权进行划分，从而出现了"财力层层集中、事权逐级下放、财权与事权严重失衡"的问题。因此，可以说这一现实是造成我国地方公共产品供给困境的首要原因。

要改变这种局面，我们就需要采取相应的措施来均衡政府间的财政能力，中央政府减轻地区间财力差异的方法很多，包括：①根据地区财政实力确定上缴中央收入的额度；②地区间财力的转移，这种行为往往是在中央政府的协调下进行的；③中央对不同经济发展水平地区实行不同的经济政策，比如我国实行的西部大开发政策；④实施政府间转移支付。相对其他几种政策而言，

① 刘斌．重庆公共产品供给的区域差异与均衡机制的构建研究［D］．重庆工商大学硕士学位论文，2011.

实施政府间转移支付对减轻政府间财力失衡有着明显优势，具体体现在以下几个方面[①]。

（一）有利于地方政府间财政横向平衡

由于历史、自然条件以及经济资源等因素原因，地区之间的经济发展水平存在很大差异，相应地，各个地方财政能力也有所差异，导致各地区居民享受到的公共产品或服务的数量与质量不尽相同，进而造成各地区居民的福利水平也产生了较大差异。

中国东部特别是沿海地区经济社会发展较为领先，其财政收入远远高于中西部地区，中西部地区政府与东部地区一样，也必须承担本地区的公共产品供给责任，但因为其公共基础设施相对落后，在财政支出上甚至比东部发达地区要有更多的投入。通常而言，东部地区资源禀赋、区位等优势明显，经济社会发展领先，税收来源较多，税基大，而中西部地区资源禀赋、区位等相对较差，经济社会发展滞后，税收来源较少，税基小，加之地方政府之间财权和事权划分不合理，导致某些地方政府的财政节余与财政缺口。财政缺口的产生阻碍了公共产品或服务的有效供给，所以把财政节余地区的剩余财力转移到财政缺口地区具有重要意义。

这一思想的理论依据在于效用的边际递减规律，剩余财力实际上是一种经济资源，它带给地方的效用是随着资源数量的增长而递减的，当把财政节余地区的剩余资源转向财政缺口地区时，经济资源的总效用会增大。例如，将东部地区用于装修豪华办公楼的资金转移到财政紧缺的西部地区用于失学儿童的教育补助时，就全国而言，这笔资金的使用无疑更有意义。

（二）有利于政府间财政纵向平衡

按照分税制改革要求，各级政府间财权的划分应遵循与事权

---

① 肖加元．分税制框架下的转移支付制度研究［D］．武汉大学硕士学位论文，2005.

相匹配原则，把税种分为三类，即为国家收益、进行宏观调控提供保障的中央税、适合地方征收管理的地方税以及与经济密切相关的中央与地方共享税。然而，事权与财权的划分并不一定能保证二者间的匹配，事实上，事权与财权不统一的现象普遍存在，我国实行分税制改革以来的实践表明，中央政府组织了大量的财政收入而只承担了小部分的支出责任，相反，地方政府的财政收入只占全国的小部分，却负担大部分的支出责任，中央与地方的事权和财权存在严重的不平衡。

地方财政自给能力是指地方财政为了实现地方政府职能的需要，通过组织各种财政资金以满足职能需求的程度，反映财政自给能力的重要指标是财政自给系数，它等于本级财政收入与本级财政的支出的比率。1994 年实行分税制改革后，中央挤占了过多的地方财政资金，二者财力出现了相反的变化，1994—2003 年的10 年间，中央财政自给整体水平很高，地方财政自给水平则显著降低，说明地方财政对中央转移支付的依赖程度在增大。这要求实行分税制改革后，转移支付制度应发挥更大的作用来平衡各级政府间财力再分配，促进政府间财政纵向平衡。

（三）补偿地方公共品外溢效应

地方公共品的外溢效应分为效益外溢和成本外溢，效益外溢是指地方公共品产生的效益并不局限于本辖区居民享用，与之相邻的其他地方居民也可从中受益，例如我国长江上游省份的水土保持工作不仅改善了所在省份的生态环境，也会使长江中下游地区的水质有明显改善；成本外溢是指地方政府在提供某一项公共品的过程中所产生的成本并不仅由本辖区居民负担，其他地方居民也会为之负担部分成本，最典型的例子是化工厂的污染，由于空气的传播，化工厂产生的污染的一部分由其他辖区居民承担了。

如果地方公共品不能按照收益与成本对等的原则提供，将会造成扭曲效应，当地方公共品存在效益外溢时，地方政府可能会低估公共品的效益，从而使其提供量低于效益产量；相反，当地方公共品存在成本外溢时，地方政府可能会忽略外溢的社会成本，造成这类地方公共品过量供给。以上说明，当地方公共品的外溢效应存在时，地方政府可能只从本地区的利益出发，容易造成地方公共品的供给扭曲，因此纠正这种扭曲效应需要中央政府的协调，对效益外溢的公共品补偿其社会效益超过经济效益的部分，对成本外溢的地方公共品则进行限制，以实现社会成本与社会效益的一致。

（四）能更好体现中央政府的宏观意图和偏好[①]

转移支付拨款的作用是调节下级财政支出的结构与数额，从而让其更加迎合上级政府的宏观目标。这主要表现在以下两个方面：

第一，拨款要反映上级政府对有益产品的偏好。马斯格雷夫把有益产品定义为社会愿意鼓励提供的产品，但当中央政府与地方政府对有益产品的评价不同时，地方政府的决策就会与全社会所要求的资源配置相背离，为纠正这一偏差，中央政府往往通过转移支付这一手段来加以纠正。

第二，体现上级政府对最低公共服务标准的偏好。从公平视角出发，地区间的资源分配应坚守"生存条件一致"原则，任何地区公民最基本的生存条件（社保、义务教育、医疗卫生等）都应该得到保证。特别是在发展中国家人民生活水平还比较低的情况下，政府应把这类服务看作是最基本的改革职责，并以统一的标准来提供，以确保每个人都享受到最低的服务水平。在一个多级财政体制中，财政的再分配只能一般由中央政府承担，

---

① 钟荣华．地方政府转移支付的均等化效应：理论分析与实证检验 ［D］．湖南大学硕士学位论文，2004．

但在许多情况下，有些具有再分配性质的服务是由地方政府来提供的。在整个国家市场中，各种要素的流通及地区间的税收竞争将导致地方政府对这些服务的供给数量不断下降。所以，中央政府应制定合理的政策措施，从而确保所有地区均至少达到一个最低标准的服务水平，进而推动公平再分配目标尽快达成。

（五）实现政府宏观经济目标

一方面，转移支付有利于实现资源合理配置。在市场经济机制下，市场应当作为资源配置的主体，然而因为市场缺陷与市场失灵的存在，仅仅由市场本身无法达到经济资源的最优配置状态，各经济主体以利润最大化为目的，通常会在收益率高、经济发达的行业与地区进行投资，这显然阻碍了经济总体的均衡，所以政府必须对资源配置进行适当干预。政府依靠转移支付手段优化经济资源配置能够减弱市场经济体制下各经济主体的自发性，进而促使宏观目标的达成。

另一方面，转移支付可以促使中央政府稳定经济目标的达成。政府实现宏观经济的稳定有多种途径，转移支付是财政支出方面主要手段之一。在经济萧条的情况下，要增加社会总需求，中央政府就加大对地方的转移支付力度，提升地方财政能力，从而促使地方政府购买性支出与投资性支出的增长，最后实现刺激社会总需求的目的；反之，在经济膨胀的情况下，中央政府会减小对地方的转移支付力度，从而降低地方财政支出水平，进而抑制社会总需求，防止经济过热。更进一步，如果中央政府在对地方转移支付时使用有条件转移支付的方法进行，这时中央对宏观调控的作用就在中央和地方两个层面上起作用，其稳定经济的效果就更加明显。

第二节 转移支付制度创新分析

转移支付从表面上来讲就是"转移""转账",这个概念源自于西方经济学与西方公共财政学。指的是货币收入主体间的货币转换关系,且这种转换关系具有非交易性特征,转移支付可以说是"政府或企业的一种不以取得商品或劳务作为补偿的支出",从本质而言,它就是一种特殊的补助①。政府间转移支付对各级政府间责权与利益关系的协调具有明显作用,广泛来讲,指的是各级政府间的资金缴补关系,然而通常来讲,政府间转移支付说的是在财权与事权已经明确的情况下,各级政府公共资金它们之间的非交易性转移。

广义而言,政府间转移支付(以下简称转移支付)涵盖着许多方面内容,例如上级政府划拨给下级政府的补助、下级政府上缴上级政府的财政资金、同一层级政府间的资金转换和各级政府间共享税的划分②。

一、我国转移支付制度的形成与发展

转移支付制度是在市场经济体制和分税制的基础上建立起来的一种制度,因此虽然自1949年以来各级政府之间的公共资金始终在不断流动,但中国当前所实行的政府间转移支付制度则是分税制实行之后,在1995年开始实施过渡时期财政转移支付办法的条件下逐步建立的,经历了1999年收入分配政策调整和2002年所

---

① 李伟.政府间转移支付的财力均等化效应——基于陕西省内数据的分析[D].辽宁大学硕士学位论文,2012.
② 钟荣华.地方政府转移支付的均等化效应:理论分析与实证检验[D].湖南大学硕士学位论文,2004.

得税收入分享改革而形成的现代政府间财政转移支付制度。其目的是减小地区间财政收入差距，促使各地区政府均有能力在国家统一标准之下对公共产品与服务的进行有效供给。[①]

（一）1953—1980 年间中央集权为主的财政体制下的转移支付制度

1953—1980 年接近 30 年的时间里，我国财政体制经过了多次调整，但是总体格局是以中央集权为主，财政转移支付在这个阶段主要是对地方政府的单一补助。中央政府由于拥有超出其本级事权的财力，财力集中度很高，具备了实行大规模的政府间转移支付能力。中央政府一般是以人均国民收入为标准设定地方政府上缴资金数额，以民族、国防、经济发展状况为尺度设定财政补助的数额，以强有力的行政手段实现了这个阶段地区间大规模的财政转移支付。然而计划经济体制下的转移支付也同样存在着显著的计划性特点，主要体现在转移支付体系不合理、支付手段极其单一。

（二）1981—1993 年间以地方分权为主要财政体制下的转移支付制度

自改革开放以来，我国的财政体制产生了巨大的变革。在财政体制从"划分收支、分级包干"改到"分灶吃饭"的时期，中央对地方的财政转移支付主要有三种：一是定额补助，二是专项补助，三是结算补助。尽管此阶段的转移支付具有某些程度的合理性与可操作性，但其仍旧存在弊端，主要体现在转移支付制度不健全，政策透明度低，支付手段繁杂和资金运用缺乏效率等。

---

① 李娟．关于转移支付对公共服务均等化的效应研究［D］．苏州大学硕士学位论文，2012；王琼峰．基本公共服务均等化与转移支付制度设计［D］．湖南师范大学硕士学位论文，2009.

（三）1994 年后分税制财政管理体制下的转移支付制度

1994 年，我国以分税制为出发点，对财政管理体制进行了一次深入改革，一并实行了政府间转移支付制度，也就是实行中央给地方划拨财政补助的一种制度。1995 年，我国颁布了《过渡期财政转移支付办法》，从那以后每年依据实施状况与其他意见，逐渐改进及健全转移支付制度。分税制改革后的政府间转移支付包括三种方式：一是维持既得利益的税收返还与体制性补助或上解的转移支付；二是为实现各地区政府间在资金与公共服务水平上的均等化而进行的财力性转移支付；三是遵循项目标准设立的专项转移支付。①

二、我国转移支付制度的现状与问题

（一）政府之间的事权划分不清，转移支付核算依据不科学

各级政府间财权和事权的明确划分，是转移支付制度可以顺利实施的前提条件。在我国目前所实行的分税制财政管理体制下，中央和地方间事权划分采取的仍旧是税制改革前的划分办法，导致了划分不明确、划分不细、事权交叉或重叠等一系列问题，一些应该归中央政府承担的公共项目由地方政府来负担，一些由地方政府承担的项目也常由中央政府来代替，上下级政府相互"钓鱼"的矛盾长期存在，政府间责任不清，财权与事权不匹配，对我国转移支付制度的健全造成了严重阻碍，许多理应由市场及企业负责的投资与费用依旧是政府负责，包括企业的挖潜改造费用、生产性贷款支出等。在健全的市场以及独立的企业经营机制下，应该由市场和企业自行承担主要风险，但事实上这些职责在很多地方是由政府承担的，给基层政府造成了一定的负担。市场和政

---

① 李娟. 关于转移支付对公共服务均等化的效应研究 [D]. 苏州大学硕士学位论文，2012.

府职能划分不清造成了转移支付难以规范化。

此外，没有形成一套系统、合理的计算公式与测算方式，转移支付的资金划分没有合理根据，当下，主要是利用基数法，甚至单凭主观判断，急需建立一套合理的计算公式和办法进行核算。转移支付资金的数额和去向随意性较大，严重影响了其应有的作用。

（二）转移支付规模不合理[①]

1. 一般性转移支付规模偏小，专项转移支付规模太大

一般性转移支付规模在转移支付总量中占的比例过小。财力性转移支付涵盖着许多项目，例如一般性转移支付、民族地区转移支付、调资转移支付、农村税费改革转移支付、取消农业税转移支付、县乡政府机构改革转移支付等。

由此可见，大部分财力性转移支付存在专项性特征，这些资金的用途固定，接收方没有将其用在其他方面的权利。唯有一般性转移支付和民族地区转移支付没有对其用途进行严格界定，有助于地方政府依据地区内公共产品或服务的真实需要对公共资金的合理分配，然而，其规模明显满足不了地方需求，2004 年和2005 年，一般性转移支付和民族地区转移支付规模在总规模中所占的比重仅为 7.2% 和 9.8%。

一般性转移支付的作用是均衡地区间的财政资金，专项转移支付的作用是支持单一领域发展或者解决某一项问题。从转移支付的意图出发，一般性转移支付的规模应当相对较大，然而事实并非如此。以 2004 年为例，一般性转移支付规模在总规模中所占的比例仅为 7.2%；若把税收返还与体制补助排除在外，一般性转移支付规模仅占财力性转移支付与专项转移支付规模的 12.4%。

---

① 王琼峰．基本公共服务均等化与转移支付制度设计 [D]．湖南师范大学硕士学位论文，2009.

另外，一般性转移支付规模只占到了财力性转移支付的 28.6%，占到民族地区转移支付的 3%（合计为 31.6%）。由此可见，那些具有专项性特征的转移项目在财力性转移支付中所占比例高达 60%。由于专项转移支付分配过程透明度极低，诱使了"跑部钱进"、讨价还价等不良风气的形成，且"寻租"行为极易出现。许多专项转移支付必须由地方政府给出相应的配套资金，导致财力匮乏地区根本就不具备获得专项转移支付的能力，与均衡地区间财政资金的初衷相悖。

2. 财政转移的财政性规模合理，经济性规模过小

中国的中央转移在国内生产总值中的比例在 1994 到 1997 年间不断减少，但之后又不断回升，而这个阶段我国的国内生产总值始终不断增长，由此可见我国中央转移支付规模与经济增长并不存在显著的相关性，不能缓解因经济增长而导致非均衡现象。

整体而言，我国中央转移支付的财政性相对规模（在中央与地方财政收支中所占比例）达到甚至可以说超越了国际水平，但经济性规模（在国内生产总值中所占比例）依旧过小，这是因为我国政府财政资金存在很强的分散性，财政收入在国内生产总值中所占比例过小。

（三）转移支付方式繁杂且结构不合理

因为我国当前所实行的转移支付制度具有显著的过渡特征，所以逐渐产生了许多种形式，包括税收返还、原体制补助、年终结算补助、专项补助以及公式化补助等。转移支付形式多且杂，存在交叉、重叠现象，此外，在转移支付形式间的还没有形成有效的协调机制，中央给地方的转移支付缺乏清晰的整体目标。这些转移支付形式相互分离，使得收入上解地方政府也许正处于那些获取专项转移支付较多的地区，导致转移支付最终失去原有的作用，或者功能被抵消。例如，税收返还根据收入来源确定，且

收入越多则返还越多，反映了对收入能力强的地区的倾斜，这加剧了利益分配的不合理格局，使得地区间的差距不断增大。但是原体制补助和上解相结合可以促使地方政府间的均衡化，而体制上上解地区的同时却可以获取大规模的税收返还，最终导致二者的财政平衡效果相互抵消。加上财政补助存在不够科学、透明度低、随意性大等问题，极易产生上下级政府间讨价还价的现象，缺乏公平性。此外，因为专项转移的法律依据不够健全、监督机制不够完善、实施程序不够科学，往往会被地方政府用于地方财政的平衡。加之转移支付管理机制具有很强的分散性，缺乏对各类专项转移的统一支配能力。在当前存在的转移支付形式之中，唯独公式化转移支付存在较为全面的纵向与横向平衡作用，然而其只占转移支付总规模得一小部分，尽管在逐年上涨，但依旧是杯水车薪，对地区间公共产品供给及经济发展水平差距的减小并没有产生明显作用。

（四）转移支付调节功能作用有限

我国现行的转移支付对调节和均衡地区间公共产品供给水平、财政能力以及财政需要的作用十分有限：

（1）在无条件转移支付方面，中央对地方税收返还及补助的设定采用的是"基数法"，这既无法平衡地区间的财政与经济能力，又由于"基数"中存在旧体制下的诸多不合理因素，而且这些不合理因素呈现出逐年扩大的趋势。此外，地方政府完全拥有税收返还的支配权，即便存在问题，中央政府也不能够对其纠正。

（2）大量的专项补助投入到了赈灾等特殊政策目标之中，宏观调控作用不明显。加上某些项目存在重复设置，导致了多头审批现象的出现。比如2002年，本着提高中小学基本办学能力的目的，中央政府制定出10个专项转移支付项目，总量为31.2亿元，并由财政部、教育部、原国家计委三部门共同审批管理；制定了15个地方赈灾专项转移支付项目，总量为41亿元，并由财政部、原国家计委、民政部、农业部、教育部五部门分头审批，不但如此，财政部管理的项目同时由相应的司局负责审批。这种种现象阻碍了财政资金的统筹管理，还导致了某些地方政府多头申请重复要钱。

（3）在现行机制下，地方政府所扮演的仍旧是简单的收入接收者，激励机制不足，使得地方政府极其缺乏积极性与主动性，阻碍了地方公共产品与服务供给效率的提高。

地方政府要面对的博弈主体主要有两个：一个为中央政府，一个为当地居民。在我国现行制度下，地方政府官员想要晋升，不仅要得到当地居民的支持，更重要的是得到上级政府的同意。从博弈论的角度来讲，地方政府官员跟上级政府存在着重复博弈关系，跟当地居民存在的是一般性博弈关系，从而导致官员们更注重上级的赞同，而不是当地居民的支持。在中央政府与地方政府二者的博弈中，因为地方政府掌握着相对较多的信息，容易出现故意隐藏信息、不努力提高收入的机会主义行事。对于转移支付博弈，中央政府必须在财力有限的情况下在转移支付与自有支出之间进行适度分配，既要最大限度地填补地方政府的财政缺口，又要避免地方政府对转移支付的过度依赖。对于地方政府，则应在争取转移支付与增加财政收入之间作出适当取舍，使得二者之和在满足必要公共支出的条件下实现最大化。但是，想要达到这种理想结果在现实中并非易事。

三、完善转移支付制度的政策建议

（一）进一步明确划分各级政府之间的事权和财权[①]

进一步完善我国的分税制财政体制，对中央政府与地方政府

---

① 何世珍．完善我国政府间转移支付制度研究［D］．东北财经大学硕士学位论文，2007.

间的财权、事权进行合理、清晰的划分，转移支付必须在事权与财权清晰划分的基础上进行。我国宪法对中央政府和地方政府的职权进行了规定。事权要利用成本效益分析方法在政府之间进行合理划分，彻底消除事权在政府间的重复、交叉，明晰各级政府所承担的支出责任，关于政府间的共同事项，要以开支责任与收益为标准进行合理界定，并利用转移支付把资金划拨给相关事项的承担政府。

对中央和地方政府的事权范围进行合理划分，为转移支付制度的完善奠定基础。要利用法律手段对中央与地方政府的事权进行明确界定。在市场经济的基本框架下，中央政府的事权范围侧重于稳固国家政权与履行中央政府职能，完善公共基础设施与一般性社会公共服务，优化国民经济结构，推动经济稳步增长，进行宏观调控以及归中央直接管理的事业发展支出等；通常而言，所有居民共同享受的公共产品应当由中央政府进行供给，像国防、外交、外贸管理、全国性的立法与司法、宏观调控等；局部地区居民享受的公共产品应当由地方政府进行供给，像地区性交通、警察、消防、教育、环保、地方性立法与执法等；对具有跨地区"外部效应"的公共项目和工程，中央政府应在一定程度上参与，如基础性教育、跨地区的交通设施等；另外，中央政府还应担当调节地区间和居民间收入分配的职责。

地方政府的事权范围包括履行地方政府职责与支持地区教育、事业、社保等事业的发展，还有其他不归中央政府负责的事务。要依照上述事权范围的界定，对中央及地方政府的开支结构进行合理调整，以往中央委托给地方政府代管的事权开支应当重新划归中央负责；本应由地方政府负责的事权，中央不应继续对其划拨专款，为制定合理的财政转移支付制度做好铺垫。在财权的划分上，应当兼顾公平与效率。

也就是说只要是关于流动性生产要素的、适用累进税率的、具有再分配与经济稳定功能的税收就应当划为中央税；关于非流动生产要素税收与在经济循环中较为稳定的税收应当划为地方税；此外，受益税与使用费应当以受益范围为标准分配给各级政府。进而建立并健全我国的财政转移支付制度。

（二）统一转移支付标准，改进转移支付方法

应当对分税制改革之后利用税收返还来维护地方既得利益的行为做出改变，要以地区间财力的均衡化为转移支付的最主要目标。分税制改革以来，我国转移支付的方法主要是建立在"基数法"之上的税收返还办法。此转移支付行为维持地方政府的既得利益，造成了地区间财力非均衡的加重。从均衡地区间财力分配的目标考虑，可逐步将"因素法"作为确定转移支付的基本方法。"因素法"指的是根据某些人为不可控的、可以体现地区收入能力与支出需要的客观因素，从而设定各地区的转移支付数量，如人口数量、城市化程度、人口密集度等。想要促使各地区加大税收征管力度，刺激地方增加收入的主动性，加入收入努力因素或许是一个可行的办法，例如各地区财政收入在生产总值中所占的比例。引入多种因素来确定各地区的财政能力，采取公式化办法设定各地区的转移支付规模，促使转移支付更加透明化，具备更强的可预见性与公正性，改善中央与地方政府间的财政关系，提高财政管理的科学化水平。相对于"基数法"而言，"因素法"具有更强的科学性与合理性，更能促使转移支付目标的达成，即实现地区财力均衡。

（三）保持适度的转移支付规模[1]

转移支付规模的确定，要根据转移支付的主要目标与政府的宏观调控能力来进行。也就是说，一方面取决于我国各级政府财力划分过程中的纵向非均衡程度、各地区间经济发展的不平衡程

---

[1]　王明昊．论我国转移支付制度的完善 [D]．山东大学硕士学位论文，2005．

度以及地方政府提供的区域性公共服务的受益溢出程度；另一方面取决于政府进行宏观调控能够提供的财力的可能性。

首先，政府间财力初次划分格局的合理化。作为政府间财力的再分配，转移支付的规模和政府间收入的初次划分密切相关。为了避免转移支付数量过大和大部分地方都成为中央政府的补助对象，使地方政府在财力上不过分依赖中央政府，积极发展经济，培植财源，应在明确界定各级政府支出职责的基础上，合理划分税种，使地方政府所拥有的主体税种与其一般支出相对应。

其次，对财政非均衡程度进行科学量度。在政府间收入初次划分的格局上，转移支付的规模大小，主要取决于政府间财政非均衡的程度。想要合理确定转移支付规模，当下应该注重对地区间财政非均衡程度的测度，在此基础上，借鉴国外有效做法，根据我国的实际情况设计出一套科学的转移支付规模计算公式。

最后，横向转移支付的数额确定要兼顾公平与效率。横向转移支付更多地考虑了公平问题，对地区间经济协调发展和社会的稳定具有重要意义。但是在确定横向转移支付的规模时，要考虑公平与效率两个方面，不能因公平而损害效率。即要避免对发达地区平调过多，影响其发展积极性，最终不利于经济的健康发展。

（四）调整和完善转移支付结构①

在所有转移支付形式中，一般性转移支付最能反映转移支付的横向均衡功能，然而其所占比重过小，并没能充分实现这项功能，所以为了缩小地区间的财力差距，应当增大用于均衡化的一般性转移支付所占的比重。增大一般性转移支付比重的措施有两种：一是在目前一般性转移支付规模的基础上，依照既定的数额逐年上涨；二是按一定比例与省级可用于转移支付财力挂钩。与

① 钟荣华. 地方政府转移支付的均等化效应：理论分析与实证检验［D］. 湖南大学硕士学位论文，2004.

前者相比，后者的弹性更大，省级财政掌握的财力越大，宏观调控作用则越大，对于地区财力均衡的投入比重就越大。

在增大过渡阶段转移支付规模的同时，还应当最大限度地减少增强非均衡化的支出，尤其是那些要求各地区政府提供配套资金的专项转移，这不仅可以调整地方既得利益，还能够确保一般性转移支付需要的资金。

对于必需的专项补助也必须加强管理，提高专项资金的使用效益。首先，要控制专项补助规模。专项拨款规模无须随着年份与省级财政收入的增长而增大，要以实际需要为标准来划拨；其次，要优化结构。对现行的专项拨款应进行清理整顿：属于省级政府事权并委托地方承担的专项拨款，今后应继续安排；属于中央和地方共同的事权，按各自负担的比例分别承担的专项拨款仍继续安排；关于在地方事权范围内，应由地方负责的开支，省级财政一定不能对其划拨专项拨款；在政策、制度内已补到位或者到期的专项拨款到期时应当立即取消，停止划拨；第三，要确保重点。在控制补助规模不再增大的条件下，应当将因专项拨款结构调整而节省的资金用于国家重点支持的项目，特别是要加大对边远地区、少数民族地区和经济不发达地区的投入，提高专项拨款的使用效益；第四，要规范管理。应当逐渐引入因素法对专项拨款进行合理分配，还应在专项拨款的使用方面逐渐形成一套严格、有效的监管体系。

本 章 小 结

本章首先对公共产品供给指数与人均财政收入的因果关系进行检验，得出结论：山东省人均财政收入是公共产品供给水平的格兰杰成因，公共产品供给水平不是人均财政收入的格兰杰成因，人均财政收入对公共产品供给水平具有决定作用。接着对山东省财政支出结构进行分析，包括财政支出总量分析、财政支出结构分析以及各区域地方政府财政收支的比较，得出的结论是：地方政府财政能力的差距是导致不同地区公共产品供给水平差距的最直接的原因，而改善这一局面的最有效的方法则是政府转移支付。最后具体分析我国转移支付制度的形成与发展、现状与存在的问题，并提出完善转移支付制度的政策建议。

参 考 文 献

国外文献：

[1] 白荣欣．社会主义新农村宏观经济政策研究［M］．北京：新华出版社，2008．

[2] 财政科学研究所．关于我国现阶段农村公共产品供给研究［J］．经济参考研究，2006（5）．

[3] 曹保歌．我国农村公共产品供给制度探索［J］．河南商业高等专科学校学报，2003（5）．

[4] 曾荟．多中心治理视角下农村公共产品的供给主体研究［D］．山西财经大学硕士学位论文，2012．

[5] 曾金盾．我国农村公共产品供给制度缺陷分析［J］．重庆科技学院学报．2009（2）．

[6] 陈池波．中央政府与地方政府的农业投资博弈分析［J］．农业经济问题，2005（6）．

[7] 陈第华．论农村公共产品的有效供给——基于多元供给的路径分析[J]．理论研究，2007（5）．

[8] 陈东．我国农村公共品的供给效率研究：基于制度比较和行为分析的视角［M］．北京：经济科学出版社，2008．

[9] 陈佳憬．我国城乡基本医疗卫生服务均等化的探究［J］．群言堂，2010（5）．

[10] 陈俊星，田树红．论我国农村公共管理体制的改革与创新——以农村公共产品供给为分析视角［J］．福建行政学院学报，2004（6）．

[11] 陈朋．后税费时代农村公共产品供给模式与制度设计研究［D］．华中师范大学硕士学位论文，2007．

[12] 陈小梅．论农村公共产品供给的现状与改革［J］．南方农村，2004（2）．

［13］陈艳．日本农村福利制度对我国新农村福利制度建设的启示［J］．科技经济市场，2007（3）．

［14 陈永新．中国农村公共产品供给制度的创新［J］．农业经济导刊，2005（5）．

［15］陈宇．农村公共产品供给绩效的模糊综合评价决策模型［J］．华中农业大学学报，2010（4）．

［16］陈宇峰，胡晓群．国家、社群与转型期中国农村公共产品的供给［J］．财贸经济，2007（1）．

［17］程林．基于乡镇财政视角的农村公共产品供给研究［D］．武汉理工大学硕士学位论文，2012.

［18］楚永生，丁子信．增加农村公共物品的供给协调城乡经济发展［J］．农业经济，2004（8）．

［19］崔开华．我国农村公共品供给效率分析及对策［D］．山东大学硕士学位论文，2007.

［20］崔文娟，郭家虎．增加农村公共产品供给需要从我国财政体制改革着手[J]．经济纵横，2006（5）．

［21］邓菊秋．农村公共产品供给地区差距的实证分析［J］．财经科学，2010（2）．

［22］邓有高，王为民．略论我国农村公共品的政府供给［J］．农村经济，2003（10）．

［23］樊纲．论公共收支的新规范［J］．经济研究，1995（6）．

［24］樊丽明．中国公共品市场与自愿供给分析［M］．上海：上海人民出版社，2005.

［25］樊胜根，张林秀．WTO和中国农村公共投资［M］．北京：中国农业出版社，2003.

［26］樊勇明．公共经济学导引与案例［M］．上海：复旦大学出版社，2003.

［27］方东荔．税费改革后我国农村公共产品的有效供给研究［D］．福建师范大学硕士学位论文，2006.

［28］方世南．农村城镇化：江苏建设社会主义新农村的伟大创举［J］．马克思主义研究，2006（4）．

［29］冯海波．委托—代理关系视角下的农村公共物品供给［J］．江西财经大学学报，2005（3）．

[30] 高峰. 农村公共物品的短缺及其解决：兼论税费改革后农村公共物品的供给 [J]. 理论学习，2003（3）.

[31] 高鸿业，吴易风. 现代西方经济学 [M]. 北京：经济科学出版社，1990.

[32] 高培勇，崔军. 公共部门经济学 [M]. 北京：中国人民大学出版社，2004.

[33] 高铁梅. 计量经济分析方法与建模 [M]. 北京：清华大学出版社，2009.

[34] 宫淑玫. 农村税费改革须启动配套改革 [J]. 人民论坛，2001（2）.

[35] 郭风旗. 和谐社会：我国农村公共物品治理的多元模式 [J]. 江西农业大学学报，2005（6）.

[36] 郭瑞萍. 人民公社缘起的制度经济学解释——从农村公共产品供给制度变迁的角度 [J]. 西北大学学报，2005（6）.

[37] 郭少新. 地方公共物品的私人供给分析 [J]. 生产力研究，2004（9）.

[38] 郭泽保. 建立和完善农村医疗卫生体制的思考 [J]. 卫生经济研究，2004（9）.

[39] 韩立民. 韩国"新村运动"及其启示 [J]. 中国农村观察，1996（4）.

[40] 何乘材. 农村公共产品、农民国民待遇与农业发展 [J]. 中央财经大学学报，2002（11）.

[41] 胡家勇. 政府干预理论研究 [M]. 大连：东北财经大学出版社，1996.

[42] 黄立华. 美国农村公共产品的供给及启示 [J]. 北方经贸，2007（1）.

[43] 黄佩华. 中国：国家发展与地方财政 [M]. 北京：中信出版社，2003.

[44] 黄志冲. 农村公共产品供给机制创新研究[J]. 现代经济探讨，2000（10）.

[45] 贾康，赵全厚. 减负之后：农村税费改革有待解决的问题及对策探讨 [J]. 财政研究，2002（1）.

[46] 江明融. 公共服务均等化论略 [J]. 中南财经政法大学学报，2006（3）.

[47] 姜柄寅，张晓光，李惠. 农村公共物品供需矛盾及对策研究 [J]. 当代经济研究，2005（4）

[48] 焦少飞. 农村强势成员与农村公共产品供给 [J]. 财经科学，2006（6）.

[49] 康静萍. 论农村公共物品供给体系与农民权益保护 [J]. 江西财经大学

学报，2003（6）.

［50］孔祥智，李圣军，马九杰，王明利．农村公共产品供给现状及农户支付意愿研究［J］．中州学刊，2006（4）.

［51］匡远配，汪三贵．日本农村公共产品供给特点及其对我国的启示［J］．日本研究，2005（4）.

［52］匡远配．贫困地区县乡财政体制对农村公共产品供给影响的研究［M］．北京：中国农业出版社，2006.

［53］雷晓康，贾明德．市场机制与公共物品提供模式［J］．上海经济，2002.

［54］雷晓康．农村公共产品提供机制的内在矛盾及其解决思路［J］．西北农林科技大学学报，2003（2）.

［55］雷原．农民负担与我国农村公共产品供给体制的重建［J］．财经问题研究，1999（6）.

［56］冷崇总．农村公共产品供给现状与机制创新［EB/OL］．厦门物价信息网，2005-5-21.

［57］黎炳盛．村民自治下中国农村公共品供给的供给问题［J］．开放时代，2001（3）.

［58］李彬，李葆华．农村公共产品供给与政府供给责任研究［J］．乡镇经济，2006（4）.

［59］李彬．乡镇公共物品制度外供给分析［M］．北京：中国社会科学出版社，2004.

［60］李秉龙，张立承等．中国农村贫困、公共财政与公共物品［M］．北京：中国农业出版社，2003.

［61］李大胜，范文正，洪凯．农村生产性公共产品供需分析与供给模式研究［J］．农业经济问题，2006（5）.

［62］李海涛．新农村建设背景下农村公共产品供给效率研究［D］．东北林业大学博士学位论文，2010.

［63］李和森．农村医疗保障制度研究［M］．济南：山东大学出版社，2005.

［64］李华．中国农村：公共品供给与财政制度创新［M］．北京：经济科学出版社，2005.

［65］李华罡，苏徐红，苑菲．农村公共产品供给的途径分析［J］．市场周

刊，2004（1）.

[66] 李霞，王军．城市化进程中的城市公共产品供给［J］.西南民族大学学报，2004（9）.

[67] 李燕凌，李立清．农村公共品供给对农民消费支出的影响［J］，四川大学学报（哲学社会科学版），2005（5）.

[68] 李燕凌．农村公共品供给效率研究［D］.湖南农业大学博士学位论文.2007.

[69] 李燕凌．我国农村公共产品供求均衡路径分析及实证研究［J］.数量经济技术经济研究，2004（7）.

[70] 李英哲．我国农村公共产品供给不足的实证分析及建议［J］.财政研究，2009（2）.

[71] 梁红梅，丁建微．对农村公共产品供给效率的再思考——从政府职责划分与支出分配视角的分析［J］.中央财经大学学报，2009（4）.

[72] 梁玉玺．城乡收入差距的制度因素分析［J］.中国农学通报.2009（6）.

[73] 廖红丰，尹效良．农村公共产品供给的国际经验借鉴与对策建议［J］.现代经济探讨，2006（2）.

[74] 廖清成．关于农村公共品供给主体多元化问题的思考［J］.金融与经济，2004（12）.

[75] 廖清成．农村公共品供给优先序问题研究［J］.农业经济导刊，2005（5）.

[76] 林善浪．中国农村土地制度与效率研究［M］.北京：经济科学出版社，1999.

[77] 林万龙．不同阶层财政主体的农村公共服务供给能力分析［J］.甘肃行政学院学报，2009（1）.

[78] 林万龙．家庭承包责任制后中国农村公共产品供给制度诱致性变迁模式及影响因素研究［J］.农业技术经济，2001（4）.

[79] 林万龙．经济发展水平制约下的城乡公共产品统筹供给：理论分析及其现实含义［J］.中国农村观察，2005（2）.

[80] 林万龙．乡村社区公共产品制度外筹资、历史、现状及改革［J］.中国农村经济，2002（7）.

[81] 林万龙．中国农村社区公共产品供给制度变迁研究［M］.北京：中国

财政经济出版社，2003.

[82] 林毅夫．制度、技术与中国农业发展［M］．上海：上海三联书店，1994.

[83] 林毅夫．"三农"问题与我国农村的未来发展［J］．农业经济问题，2003（1）.

[84] 林祯．美国农业财政政策的变迁及对我国的借鉴［J］．农业经济与科技，2008（4）.

[85] 刘保平，秦国民．试论农村公共产品供给体制：现状、问题与改革［J］．甘肃社会科学，2003（2）.

[86] 刘斌．中国农村现代化之路［J］．零陵学院学报，2002（04）.

[87] 刘斌．重庆公共产品供给的区域差异与均衡机制的构建研究［D］．重庆工商大学硕士学位论文，2011.

[88] 刘德吉，胡昭明，程璐，汪凯．基本民生类公共服务省际差异的实证研究［J］．经济体制改革，2010（2）.

[89] 刘鸿渊．农村公共产品供给不足的原因与重构［J］．商业研究，2005（02）.

[90] 刘鸿渊．农村税费改革与农村公共产品供给机制［J］．求实，2004（2）.

[91] 刘会柏．论韩国新村运动对我农村公共产品供给的启示［J］．商场现代化，2007（3）.

[92] 刘文勇，吴显亮，乔春阳．我国农村公共产品供给效率的实证分析［J］．贵州财经学院学报，2008（5）.

[93] 刘晓苏．发达国家公共服务供给透析［J］．社会科学，2009（1）.

[94] 龙新民．中国农村公共产品供给失衡研究［D］．厦门大学博士学位论文，2007.

[95] 卢良恕．韩国农业发展与新乡村运动［J］．中国农学通报，1997（6）.

[96] 卢纹岱．SPSS统计分析［M］．北京：电子工业出版社，2010.

[97] 罗宏磊．农村公共产品供给主体失衡及对策研究——以S镇为例［D］．湖南师范大学硕士学位论文，2008.

[99] 罗妙成，温晓英．缓解县乡财政困难的思路与对策［J］．东南学术，2006（1）.

[100] 吕达．公共物品的私人供给机制探析［J］．江西社会科学，2004（11）.

[101] 吕恒立．试论公共产品的私人供给［J］．天津师范大学学报，2002（3）．

[102] 马慧强，韩增林，江海旭．我国基本公共服务空间差异格局与质量特征分析［J］．经济地理，2011（2）．

[103] 马骁，王宇，张岚东．消减城乡公共产品供给差异的策略——基于政治支持差异假设的探视［J］．经济学家，2011（1）．

[104] 马晓河，方松海．我国农村公共品的供给现状、问题与对策［J］．农业经济问题，2005（4）．

[105] 毛胜根．我国农村公共产品供给的公平性问题研究［D］．华中师范大学硕士论文，2007．

[106] 庞力．促进城乡基本公共服务均等化的公共财政制度研究［D］．湖南农业大学博士学位论文，2010．

[107] 庞霓红．我国公共财政支出问题研究综述［J］．经济纵横，2006（1）．

[108] 彭艳斌，王春平，李阳，刘钟钦．税费改革对农村公共产品供给影响的效率分析——以辽宁省为例［J］．安徽农业科学，2007（7）．

[109] 彭膺昊，陈灿平．村庄内生秩序与农村公共服务供给绩效［J］．西南民族大学学报，2011（7）．

[110] 范伟，兰文飞．强化公共服务职能 推进公共服务创新——中欧政府管理高层论坛综述［N］．学习时报，2004-6-21．

[111] 秦晖．农民中国：历史反思与现实选择［M］．郑州：河南人民出版社，2003．

[112] 曲延春．论城乡二元公共产品供给体制的形成［J］．山东工商学院学报，2009（6）．

[113] 任强．中国省际公共服务水平差异的变化：运用基尼系数的测度方法［J］．中央财经大学学报，2009（11）．

[114] 尚长风．城乡公共物品供给差异的根源［J］．农村工作通讯，2005（11）．

[115] 尚长风．农村公共产品缺位研究［J］．经济学家，2004（6）．

[116] 邵源．国外有关构建农村公共产品供给机制的理论依据与实践经验［J］．经济研究参考，2007（12）．

[117] 石洪斌．农村公共物品供给研究［M］．北京：科学出版社，2009．

[118] 世界银行．1997年世界发展报告：变革世界中的政府［M］．北京：中

国财政经济出版社，1997.

[119] 睢党臣．农村公共产品供给结构研究［D］．西北农林科技大学博士学位论文，2007.

[120] 孙开．农村公共产品供给与相关体制安排［J］．财贸经济，2005（6）.

[121] 孙潭镇，朱钢．我国乡镇制度外财政分析［J］．经济研究，1993（9）.

[122] 唐明义，王最．美国农业财政政策的演变与启示［J］．广西财政高等专科学校学报，1998（3）.

[123] 陶勇．农村公共产品供给与农民负担［M］．上海：上海财经大学出版社，2005.

[124] 陶勇．农村公共品供给与农民负担问题探索［J］．财贸经济，2001（10）.

[125] 田野，朱连心．应该努力扩大农村公共产品供给［J］．农村经济，2004（7）.

[126] 汪前元．从公共产品需求角度看农村公共产品供给制度的走向［J］．湖北经济学院学报，2004（6）.

[127] 王朝才，傅志华．"三农"问题：财税政策与国际经验借鉴［M］．北京：经济科学出版社，2005.

[128] 王传纶，高培勇．当代西方财政经济理论（上）［M］．北京：商务印书馆，1998.

[129] 王国华，李克强．农村公共产品供给与农民收入问题研究［J］．财政研究，2003（1）.

[130] 王国敏．新农村建设的物质基础：农村公共产品供给制度———一个非均衡发展的经济学分析［J］．社会科学研究，2006（5）.

[131] 王磊．公共产品供给主体选择与变迁的制度经济学分析［D］．山东大学博士学位论文，2008.

[132] 王玲等．借鉴国外经验完善中国农村公共产品供给［J］．世界农业，2008（6）.

[133] 王名，刘国翰，何建宇．中国社团改革——从政府选择到社会选择［M］．北京：社会科学文献出版社，2001.

[134] 王绍光．多元与统———第三部门国际比较研究［M］．杭州：浙江人民出版社，1999.

[135] 王书军．中国农村公共产品供给主体及其供给行为研究 [D]．华中科技大学博士学位论文，2009.

[136] 王廷惠．公共物品边界变化与公共物品的私人供给 [J]．华中师范大学学报，2007 (7).

[137] 王小林，苏允平．两方公共服务制度安排对中国农村公共服务改革的启示 [J]．农业经济，2003 (8).

[138] 王永莲．我国农村公共产品供给机制研究 [D]．西北大学博士学位论文，2009.

[139] 王正国．农村税费改革的三重意义及其完善思路 [J]．财政研究，2001 (7).

[140] 王志雄．我国基本公共服务均等化研究 [D]．财政部财政科学研究所博士学位论文，2011.

[141] 王周锁．农村公共产品供给及模式创新研究 [J]．陕西农业科学，2005 (3).

[142] 文小才．美国农业财政补贴政策的经验与启示 [J]．云南财经大学学报，2007 (3).

[143] 吴朝阳，万方．农村税费改革与农村公共产品供给体制的转变 [J]．中央财经大学学报，2004 (5).

[144] 吴光锋．从公平视角透析我国公共产品供给差异性原因 [J]．地方财政研究，2007 (3).

[145] 吴理财．从流动农民的视角看公共产品的供给 [J]．华中师范大学学报，2006 (2).

[146] 吴士健，薛兴利．试论农村公共产品供给体制的改革与完善 [J]．农业经济，2002 (5).

[147] 辛毅．财政支持农业的绩效评价 [J]．宏观经济研究，2003 (3)

[148] 中华人民共和国国民经济和社会发展第十二个五年规划纲要[M]．北京：人民出版社，2011.

[149] 熊巍．我国农村公共产品供给分析与模式选择 [J]．中国农村经济，2002 (7).

[150] 宿一兵，汤庆熹．美国公共服务理论对中国农村公共服务改革之启示[J]．

　　湖南农业大学学报（社会科学版），2005（12）.

［151］徐小青. 中国农村公共服务［M］. 北京：中国发展出版社，2002.

［152］徐增阳，黄辉祥. 财政压力与行政变迁——农村税费改革背景下的乡镇政府改革［J］. 中国农村经济，2002（9）.

［153］许开录. 城乡公共产品供给失衡的原因剖析及政策选择［J］. 科学与管理，2007（3）.

［154］鄢奋. 中国农村公共产品供给状况及特点［J］. 东南学术，2009（2）.

［155］阎坤. 中国县乡财政体制研究［M］. 北京：经济科学出版社，2006.

［156］杨红. 中国农村公共产品特殊论［M］. 北京：中国税务出版社，2006.

［157］杨会良，梁巍. 日本农村义务教育财政制度变迁与启示［J］. 日本问题研究，2006（2）.

［158］杨静. 统筹城乡中农村公共产品供给：理论与实证分析［M］. 北京：经济科学出版社，2008.

［159］杨明媛. 欠发达地区农村公共产品有效供给研究［D］. 西南财经大学博士学位论文，2007.

［160］杨震林，吴毅. 转型期中国农村公共品供给体制创新［J］. 中国学刊，2004（1）.

［170］叶文辉. 农村公共产品供给体制的改革和制度创新［J］. 财经研究，2004（12）.

［171］叶兴庆. 论农村公共产品供给体制的改革［J］. 经济研究，1997（6）.

［172］尹保云. 韩国为什么成功——朴正熙政权与韩国现代化［M］. 北京：文津出版社，1993.

［173］于丽敏. 农村公共物品供给不足对农村经济发展的瓶颈效应分析［J］. 税务与经济，2003（4）.

［174］于印辉. 我国农村公共产品供给问题研究［D］. 东北财经大学博士学位论文，2010.

［175］于永臻. 深化财税体制改革，加大新农村建设财政投入力度［J］. 求实，2006（11）.

［176］岳军. 农村公共产品供给与农民收入增长［J］. 山东社会科学，2004（1）.

［177］詹建芬．农村公共产品短缺中的地方政府行为理性分析［J］．浙江社会科学，2007（2）．

［178］张红．农村公共产品资源瓶颈：现状、成因及对策［J］．中国矿业大学学报，2003（9）．

［179］张军，何寒熙．中国农村的公共产品供给：改革后的变迁［J］．改革，1996（5）．

［180］张军，蒋琳琦．中国农村公共品供给制度的变迁．理论视角［J］．世界经济文汇，1997（5）．

［181］张军，蒋维．改革后农村公共产品的供给：理论与经验研究［J］．社会科学战线，1998（1）．

［182］张军．农村公共产品可实行多主体筹资［J］．农村工作通讯，2005（11）．

［183］张军．制度、组织与中国的经济改革［M］．上海：上海财经大学出版社，2004．

［184］张岚东．统筹城乡公共产品供给研究［D］．西南财经大学博士学位论文，2009．

［185］张晓峒．计量经济分析（修订版）　［M］．北京：经济科学出版社，2000．

［186］张晓琳．当前我国农村公共产品的有效供给研究［D］．中国海洋大学硕士学位论文，2011．

［187］张晓山．简析中国乡村治理结构的改革［J］．管理世界，2005（5）．

［188］张昕．走向公共物品和服务的可抉择供给体制——当代政府再造运动述评［J］．中国人民大学学报，2005（5）

［189］张馨．公共财政论纲［M］．北京：经济科学出版社，1999．

［190］张馨，杨志勇．当代财政与财政学主流［M］．大连：东北财经大学出版社，2000．

［191］张要杰．构筑税费改革后的农村公共产品供给新体制［N］．中国经济时报，2003-2-21．

［192］张增．中国农村公共产品供给［M］．北京：社会科学文献出版社，2008．

［193］长青．印度的绿色革命及其带给我们的启示［J］．中国软科学，1995（10）．

［194］赵万水. 农村公共品的需求管理［J］. 农村经济, 2005（6）.

［195］郑双, 冯小林. 农村社区公共产品供给绩效之制度分析——以 C 县白露村、T 县永昌村为例［J］. 社会科学辑刊, 2009（4）.

［196］中国农业外经外贸信息网. 日本农业概况［EB/OL］. httP：//www. cafte. gov. cn, 2003-6-11.

［197］钟文娜. 公共经济学中关于公共产品定义的文献综述［J］. 时代教育, 2008（9）.

［198］钟晓敏. 基本公共服务均等化下的我国义务教育转移支付模型［J］. 财政研究, 2009（3）.

［199］钟裕民, 刘克纾. 农村公共产品供给失衡的原理及整治对策——一种从公共选择理论视角的考察［J］. 晋阳学刊, 2005（01）.

［200］仲原. 坚定不移地推进农村税费改革［J］. 中国税务, 2000（6）.

［201］周黎安. 中国地方官员的晋升锦标赛模式研究［J］. 经济研究, 2007（7）.

［202］周小常. 农村公共产品供给制度创新［D］. 湖南农业大学硕士学位论文, 2001.

［203］周游. 公共经济学概论［M］. 武汉：武汉出版社, 2002.

［204］朱柏铭, 骆晓强. 从公共财政角度审视农村税费改革［J］. 财经研究, 2002（7）.

［205］朱从鸿. 城乡公共产品供给均等化的研究［D］. 兰州大学硕士学位论文, 2010.

［206］朱钢, 贾康. 中国农村财政理论与实践［M］. 太原：山西经济出版社, 2006.

［207］朱守银. 中国农村城镇化进程中的改革问题研究［J］. 经济研究参考, 2001（6）.

［208］宗义湘, 王俊芹, 刘晓东. 印度农业国内支持政策［J］. 世界农业, 2007（4）

［209］邹江涛. 试论我国农村公共产品供给与农村税费改革［J］. 当代财经, 2004（4）.

［210］肖加元. 分税制框架下的转移支付制度研究［D］. 武汉大学硕士学位论文, 2005.

[211] 钟荣华．地方政府转移支付的均等化效应：理论分析与实证检验[D]．湖南大学硕士学位论文，2004．

[212] 李伟．政府间转移支付的财力均等化效应——基于陕西省内数据的分析［D］．辽宁大学硕士学位论文，2012．

[213] 李娟．关于转移支付对公共服务均等化的效应研究［D］．苏州大学硕士学位论文，2012．

[214] 王琼峰．基本公共服务均等化与转移支付制度设计［D］．湖南师范大学硕士学位论文，2009．

[215] 何世珍．完善我国政府间转移支付制度研究［D］．东北财经大学硕士学位论文，2007．

[216] 王明昊．论我国转移支付制度的完善［D］．山东大学硕士学位论文，2005．

国外文献：

[1] 阿瑟·奥肯．平等与效率［M］．北京：华夏出版社，1999．

[2] 埃里诺·奥斯特罗姆．公共服务的制度建构：都市普察服务的制度结构[M]．上海：上海三联书店，2000．

[3] 埃莉诺·奥斯特罗姆．公共事务的治理之道［M］．上海：上海三联书店，2000．

[4] 安东尼·B 阿特金森，约瑟夫·E 斯蒂格里茨．公共经济学（中文版)[M]．上海：上海三联书店出版，1992．

[5] 坂入长太郎．欧美财政思想史［M］．北京：中国财政经济出版社，1987．

[6] 保罗·萨缪尔森，威廉·诺德豪斯．经济学（第 17 版）［M］．北京：人民邮电出版社，2004．

[7] 保罗·斯特里滕．非政府组织和发展［M］．北京：社会科学文献出版社，2000．

[8] 鲍德威（Robin W. Boadway），威迪逊（David E. Wildasin）．公共部门经济学（中文版）［M］．北京：中国人民大学出版社，2000．

[9] 庇古．福利经济学（中文版）上册［M］．北京：商务印书馆，1983．

[10] C. 布朗．P. 杰克逊．公共部门经济学［M］．北京：中国人民大学出版

社，2000.

[11] E. S. 萨瓦斯. 民营化与公私部门的伙伴关系［M］. 北京：中国人民大学出版社，2002.

[12] 哈维·罗森（Harvey S. Rosen）. 财政学（中文版）［M］. 北京：中国人民大学出版社，2003.

[13] 霍布斯. 利维坦（中文版）［M］. 北京：商务印书馆，1985.

[14] 马克思. 资本论（第1卷）［M］. 北京：人民出版社，1975.

[15] 马斯格雷夫. 财政理论与实践［M］. 北京：中国财政经济出版社，2003.

[16] 欧文. 欧文选集（第1卷）［M］. 北京：商务印书馆，1981.

[17] 萨伊. 政治经济学概论（中文版）［M］. 北京：商务印书馆，1963.

[18] 斯蒂格利茨. 社会主义向何处去——经济体制转型的理论与证据［M］. 长春：吉林人民出版社，1998.

[19] wong. P. W & Deepak. 中国：国家发展与地方财政［M］. 北京：中信出版社，2003.

[20] 休·史卓顿（Hugh Stretton），莱昂内尔·奥查德（Lionel Orchard）. 公共物品、公共企业和公共选择（中文版）［M］. 北京：经济科学出版社，2000.

[21] 大卫·休谟. 人性论［M］. 北京：商务印书馆，2004.

[22] 雅诺什·科尔奈，翁笙和. 转轨中的福利、选择和一致性——东欧国家卫生部门改革［M］. 北京：中信出版社，2003.

[23] 亚当·斯密. 国富论［M］. 上海：上海三联书店，2009.

[24] 亚当·斯密. 国民财富的性质和原因的研究［M］. 北京：商务印书馆，2002.

[25] Y. 巴泽尔. 产权的经济分析［M］. 上海：上海三联书店，1997.

[26] 约翰·利奇（John Leach）. 公共经济学教程（中文版）［M］. 上海：上海财经大学出版，2005.

[27] 约翰·穆勒. 政治经济学原理及其在社会哲学上的若干应用（中文版）［M］. 北京：商务印书馆，1991.

[28] 约瑟夫·E. 斯蒂格利茨. 经济学（第三版）［M］. 北京：中国人民大

学出版社，2005.

[29] 詹姆斯·M. 布坎南. 民主财政论 [M]. 北京：商务印书馆，1999.

[30] Adam Smith. An Inquiry into the Nature and Causes of the Wealth of Nations, Reprint, edited by E. Cannan. Chicago: University of Chicago Press, 1776, vol. II, P. 184.

[31] Aidt, Dutta and Loukoianova. Democracy Comes to Europe: Franchise Extension and Fiscal Outcomes 1830—1939. Working Paper. University of Cambridge, 2002.

[32] Barkley. Public Goods in Rural Areas: Problems, Policies, and Population. American Journal of Agricultural Economics, 1974, 60 (5), December: 1135—1142.

[33] Bernstein. Taxation without Representation: Peasants, the Central and the Local States in Reform China. China Quarterly. 2000 (163): 742—763.

[34] Bifarello, Monica. Public-Third Sector Partnerships: A major innovation in Argentinean social policy 4th ISTR Conference, Dublin, 2000 (7): 5—8.

[35] Binswanger, Deininger and Feder. Power Distortions Revolt and Reform in Agricultural Land Relations. Handbook of Development Economics, 1995 (3): 2659—2771.

[36] Blochliger H. J. Main Results of the Study, in The Contribution of Amenities to Rural Development. Paris: OECD, 1994.

[37] Brown, G. Rural Amenities and the Beneficiaries Pay Principle, In The Contribution of Amenities to Rural Development. Paris: OECD, 1994.

[38] Buchanan. J. M. An Economic theory of Clubs, Economics, 1965.

[39] Caves, D. W., L. R., Christensen, The relative Efficiency of Public and Private Firms in a [40] Competitive Environment: The case of Canadian Railroads, Journal of Political Economy, 1980.

[41] Chicoine, The Size Efficiency of Rural Governments: The Case of Low-Volume Rural Roads. Publics. The Journal of Federalism, 1989, 19 (1): 127—138.

[42] Coase R. The lighthouse in economics. Journal of Law and Economics,

1974 (17): 357—376

[43] Denhardt R. B, Denhardt J. V. The New Public Service: Serving Rather than Steering. Public Administration Review, 2000, 60 (6) .

[44] H. Demsetz, The Private Production of Public Goods, Journal of Law and Economics, Vol. 13 (October), 1970: 293—306.

[45] Hanley, et al. Principles for the Provision of Public Goods from Agriculture: Modeling Moorland Conservation in Scotland, Land Economics, 1998, 74 (1): 102—113.

[46] Heady, Earl O. and Larry R. Whiting, Rural Development Problems and Potentials, Journal of Soil and Water Conservation, 1974, 19, pp. 4—7.

[47] Henry Hansmann: The Role of Nonprofit Enterprise, Yale Law Journal, vol. 89 (1980), pp. 835—901.

[48] James M. Buchanan, An Economic Theory of Clubs. Economic, New Series, Vol. 32, No. 125 (Feb. , 1965), pp. 1—14

[49] James, Estelle, The nonprofit sector: a research handbook, Yale University Press, 1987.

[50] Jin Qiang and weingast. Regional Decentralization and Fiscal Incentives: Federalism, Chinese Style, Mimeo: Stand ford University, 2001.

[51] Jones, Lonnie L. and Steve H. Murdock. The Incremental Nature of Public Service Delivery: Implications for Rural Areas. American Journal of Agricultural Economies, 1978, 60 (5): 955—960.

[52] Kai-yuen Tsui. Local Tax System, Intergovernmental Transfers and China's Local Fiscal Disparities. Journal of Comparative Economics. 2005.

[53] Kangoh Lee. Voluntary contributions and local public goods in a federation. Journal of Urban Economics, 2008. 63 (1): 163—176

[54] Keithl. Dougherty, Public goods theory from eighteenth century political philosophy to twentieth century economics. Public Choice, 2003 (117): 239—253

[55] Lápez. Under-investing in Public Goods: Evidence, Causes, and Consequences for Agricultural Development, Equity, and the Environment,

Agricultural Economics, 2005, 32 (1): 211 —224.

[56] Lester Salmon. The Rise of the Non-Profit Sector, Foreign Affairs, 1994, 73 (4): 34.

[57] Maki. Provision of Public Goods in a Large Economy. Economics Letters, 1998 (61): 229—234.

[58] Mill, J. S. Principles of Political Economy. Newed by w. J. Ashley, London: Longman's Green & Co. , 1921.

[59] Musgrave R. A. The Theory of Public Finance (New York: McGraw/Hill), 1959.

[60] Olson. M. The Logic of Collective Action. Cambridge: Harvard University Press Ltd, 1965.

[61] P. A. Samuelson. The pure theory of public expenditure, Review of Economics and Statistics, 1954 (11) .

[62] Pradhan, S. Evaluating Public Spending: A Framework for Public Expenditure Reviews. Copyright 1996 by The International Bank for Reconstruction and Development The World Bank, 1996.

[63] Richard C. Cornes, Emilson C. D. Silva. Local public goods, inter-regional transfers and private information. European Economic Review, 2002, 46 (2): 329—356

[64] Salmon, Lester M. and Helmut K. Anheier, The Emerging Nonprofit Sector-An Overview, Manchester: Manchester University Press, 1996.

[65] Savas E. S. Privatization and Public-Private Partnerships. New York: Original published by Seven Bridge, 2000: 44—62.

[66] See Hansmann, H. The Role of Nonprofit Enterprise, Yale Law Journal, 1980, 89 (5): 835—901.

[67] See Weisbrod B. A. Toward a Theory of the Voluntary Nonprofit sector in a Three-sector Economy, In S. Rose-Ackerman (Ed.), The Economics of Nonprofit Institutions: Studies in Structure and Policy (pp. 21—44) . New York: Oxford University Press, 1986.

[68] Sen, Amartya. The Impossibility of Paretian Liberal, Journal of Political

Economy, 78 (1970): 152—157

[69] Stiglitz, The Economic Role of the State, edited by Arnold Heertje, Black well, 1989.

[70] Thompson, John. Meeting Unfilled Public Service Needs in Rural Areas. Journal of Farm Economics, 1963, 45 (5): 1140—1147.

[71] Tiebout Charles. A Pure Theory of Local Expenditure. Journal of Political Economy, 1956, (64): 416—424.

[72] Tweeten, Luther S. and Gerald A. Doecksen, "Equity and Efficiency in Rural Development Programs", Journal of Soil and Water Conservation, 1974, 19, pp. 8—13.

[73] Weisbrod, B. A. and Dominguez. N. D. , Demand for Collective Goods in Private Nonprofit Market: Can Fundraising Expenditures Help Overcome Free-riding Behavior? Journal of Public Economics, 1986, vol. 30, n. 1, pp. 83—95.

[74] Wuthnow R. Between States and Markets: The Voluntary Sector in Comparative Perspective, Princeton: Princeton University Press, 1991.

后　记

2012 年 7 月出台的《国家基本公共服务体系"十二五"规划》从实践操作层面制定了基本公共服务国家基本标准，明确了四个主要目标：供给有效扩大，发展较为均衡，服务方便可及，群众比较满意，最终实现基本公共服务均等化。在党的"十八大"会议上，又强调并提出了"城乡一体化""走新型城镇化道路"的战略部署。不管是实现基本公共服务均等化、城乡一体化，还是新型城镇化，都涉及农村公共产品的供给问题。要搞好城乡一体化中公共产品的有效供给问题，如果只依靠农民（主要指村、农户）的自身积累，其力量显然是不够的；而要依靠市场的自发力量，也只能出现无人提供的"囚徒困境"。因此，在这一过程中，各级政府必须承担起相应的责任，必须扮演好"有效政府"的角色。

由于在农村公共产品的供应问题上，并没有一个法律对各层级政府的责任做出具体的划分，所以往往大多推诿给"话语权"较少的基层政府（主要是乡镇）来承担。然而，对基层政府财力的配置却没有严格遵循"事权与财权相统一"的原则来进行，反而受"财政自利"意识的影响，出现了财力向上级政府集中的趋向。这种层级政府间事权与财权的不对称性，或者说较多事权与较少财权的倒逼，最终导致了基层政府在农村公共产品提供问题上的窘境。

从逻辑上来讲，有一层级政府，就应该赋予其与本层级政府事权相对称的财力。为了实现城乡一体化中农村公共产品的有效供给，我们对现行的财政体制必须做出相应的改革。其重点应该从对中央与省级政府之间财力配置的调整，转向对省级以下各层级地方政府间财力配置问题的关注。按照事权与财权相对称的原则，来着手解决财政体制中上级对下级政府转移支付制度的不规范、不到位等问题，以遏制地方政府间财政能力配置的不均衡，以及地方基层政府（主要是县、乡层级政府）财政能力不断弱化的趋势。

从总体上来看，由于我国政府的财政实力还并不雄厚，如果企图完全以财政转移支付制度来解决城乡一体化中农村公共产品的有效供给问题并不是一种明智的选择。因此，如何在有限财力的前提下，充分发挥转移支付制度这一财政工具的作用，以进一步提升各层级政府有效提供农村公共产品的能力，则应该成为我们认真加以考虑与探讨的重要问题。

本书是在山东省社科基金项目"城乡一体化进程中农村公共产品的有效供给与转移支付制度创新研究"（编号：11CJJJ33）的具体研究成果。在课题研究与成书的过程中，我们得到了诸多同事与亲朋好友的支持与鼓励。为此，在本书出版之际，向曾经帮助我们的杨海山、梁启华、李东升、吴虹、张荣梅、高彬、刘浩等表达诚挚的敬意。

另外，由于笔者学术水平有限，在写作的过程中难免会出现一些不足，希望读者见谅并提出宝贵意见。笔者也希望能以此为起点，把这一问题继续深入研究下去。

此书引用了大量经典文献或学术观点，在此表示衷心的感谢。

辛　波　于淑俐
2015 年 2 月于烟台